大学生实用沟通
（第2版）

主　编　汪志锋　许元政　王玉侠
副主编　沈玉宝　张　静

北京理工大学出版社
BEIJING INSTITUTE OF TECHNOLOGY PRESS

版权专有 侵权必究

图书在版编目（CIP）数据

大学生实用沟通/汪志锋，许元政，王玉侠主编 . —2 版 . —北京：北京理工大学出版社，2021.1（2022.8重印）

ISBN 978 - 7 - 5682 - 9435 - 5

Ⅰ.①大⋯　Ⅱ.①汪⋯②许⋯③王⋯　Ⅲ.①大学生 - 心理交往 - 能力培养　Ⅳ.①G645.5

中国版本图书馆 CIP 数据核字（2021）第 004964 号

出版发行 / 北京理工大学出版社有限责任公司
社　　址 / 北京市海淀区中关村南大街 5 号
邮　　编 / 100081
电　　话 / （010）68914775（总编室）
　　　　　（010）82562903（教材售后服务热线）
　　　　　（010）68944723（其他图书服务热线）
网　　址 / http：//www.bitpress.com.cn
经　　销 / 全国各地新华书店
印　　刷 / 唐山富达印务有限公司
开　　本 / 710 毫米 × 1000 毫米　1/16
印　　张 / 13.75　　　　　　　　　　　　　　责任编辑 / 周艳红
字　　数 / 220 千字　　　　　　　　　　　　　文案编辑 / 周艳红
版　　次 / 2021 年 1 月第 2 版　2022 年 8 月第 3 次印刷　责任校对 / 周瑞红
定　　价 / 36.00 元　　　　　　　　　　　　　责任印制 / 施胜娟

图书出现印装质量问题，请拨打售后服务热线，本社负责调换

导　言

顾名思义，"沟通"就是"使彼此相通"。从现代沟通学的角度说，沟通是个体之间或人与群体之间传递、接受和反馈信息的过程，以求达成一致或产生所期望的行动结果。在现代信息社会，几乎所有的事物都离不开信息交流和沟通。沟通能力已成为现代人才的主要标志，是一个人获得事业成功和发展必备的基本能力。

对个人而言，良好的沟通可以使我们很坦诚地生活，很有人情味地分享，在人际互动中充分享受自由、平等、和谐。通过沟通可以拓展个人关系的网络，使人际交流富有意义而且轻松愉快，使对方感受到你的尊重和理解，发展互惠互利的合作关系；还可以避免人与人之间无谓的争论，减少因误解所造成的压力，克服愤怒、恐惧、害羞等有害情绪，促进身心愉悦和身体健康。不难想象，在一个家庭、一个单位，人与人之间如果没有沟通，那是多么闭塞、无聊、枯燥、乏味。人生存于社会，做人做事就必须与人打交道，维护、保持良好的人际关系靠的是"沟通"。沟通会让别人了解你、认识你、懂得你，从而减少你生活中无谓的烦恼，使你的生活相对快乐些。

对一个组织而言，良好的沟通可以使大家认清形势，使决策更加合理有效，建立组织共同的愿景。主管可以通过沟通，引导员工更好地工作；员工可以通过沟通，更好地理解、执行上级的意图和决策；同事之间通过沟通，更加精诚团结、密切合作。在一个组织里，所有的决策和共识，都是通过沟通来达成的。

沟通是管理工作的灵魂，是提高工作效率、实现共同目标、满足各种需要的重要工具。我们所做的每一件事情都是在沟通，比如，上情下达或下情上传等。不论沟通是否有效，沟通构成了我们日常工作中的主要部分。管理工作中70%的错误是由于不善于沟通造成的。成功的公司管理人士通常会将90%以上的工作时间用于与下属之间的良性沟通之中，通过清晰的指导与决策节省时间与精力,减少重复劳动,提高工作效率。美国通用电气公司就是靠着感情沟通式的管理,以惊人的速度发展起来的,这种沟通式管理给人以深刻的启迪。国内外的知名企业,无不视沟通为管理的真谛。

企业实现高效率并充满生机,赖于下情能为上知,上意能迅速准确地下达,部门之间互通信息,互知甘苦。良好的沟通让员工感觉到企业对自己的尊重和信任,因而产生极大的责任感、认同感和归属感。此外,良好的沟通还能减少冲突、化解矛盾、澄清疑虑、消除误会,增强团队的内部凝聚力。人的因素是企业成功的关键所在,企业管理说到底就是做人的工作,所有的管理问题归结到最后都是沟通的问题。

我国经济的发展和社会进步,对人才培养提出了更高的要求。《国家中长期教育改革和发展规划纲要(2010—2020年)》指出:"坚持能力为重、优化知识结构,丰富社会实践、强化能力培养。着力提高学生的学习能力、实践能力、创新能力;教育学生学会知识技能、学会动手动脑、学会生存生活、学会做人做事;促进学生主动适应社会,开创美好未来。"在抓好专业知识和职业技能教育的同时,培养大学生的适应能力、沟通能力、礼仪素养,掌握必需的人际交往与沟通的方法和技巧,有助于大学生更好地发挥职业专长、提高个人在职场的竞争力,获得在职业岗位上的独特竞争优势。也只有这样,才能做到"学会生存生活,学会做人做事",从而最终实现"主动适应社会,开创美好未来"的目标。

本教材以提高大学生人际沟通素质能力为原则,针对大学生人际沟通中存在的不足,具体介绍了人际沟通的基本概念、如何树立良好的沟通心态以及现代职场常见的沟通形式,并通过课后测试与案例研讨指导学生学练合一,达到学以致用、强化素质和能力提升的目的。本书内容丰富、案例鲜活、贴近实际、注重素养、有人文气息,既可以作为普通高等院校、高职高专院校大学生素质教育的学习教材,也可以供企业培训、继续教育和沟通交流爱好者自学阅读。

在本书的编写过程中,编者参阅了大量的有关书籍和文献资料,特别是借助于网络获取了大量优秀素材,在此对这些文献和资料素材的作者谨表衷心的感谢!本书虽经反复修改和审阅,但鉴于编者的水平有限,疏漏和不足之处仍然很多,敬请阅读本书的广大师生和读者谅察并给予指正,以期日臻完善。

编者 汪志锋

2017年5月

再版前言

国务院印发的《国家职业教育改革实施方案》，明确了新时期我国职业教育改革与发展的总体目标。方案首次从国家层面提出，职业教育与普通教育是两种不同类型的教育。职业教育的办学模式要服从服务于类型教育的转变。

在职业教育转型的过程中，素质教育担负着十分重要的作用，以课程为载体的素质教育毫无疑问又是重中之重。《实用沟通教程》第1版问世以来，为提升高职学生的综合素质发挥了独特的作用，受到了高职院校师生的普遍欢迎，也收到了不少好的改进意见与建议。从2014级开始，我们陆续使用该教材开展教学与培训，为在校近80个班级、5 000名高职学生开设课程，并为中铁资源公司、铜陵有色金属公司、首创水务等知名企业开展管理培训，深受企业欢迎。

2019年，编写组按照安徽省教育厅、财政厅《关于实施高等学校质量与教学改革工程的实施意见》的精神，抓住机遇，积极申报安徽省"高水平高职高专教材"建设并成功立项。编写组用一年的时间，认真梳理分析、充分吸收教材自出版以来各方面的意见与建议，对本书进行了认真修订。

本次修订，我们重点做了以下三方面的工作，一是结合主题，修改课程内容。如在沟通概述中，再次强调了沟通的作用；在分析沟通障碍时，以大学生为对象，分析其个性特点，提出克服沟通障碍的具体对策等。二是突出应用，增加案例。如"如何与领导沟通"的内容中增加了职场上常见的案例，让读者更有实际感触。三是增加互联网背景下如何做好网络人际沟通。其余部分基本上维持了原有的体系架构，改进了部分语句的表述方式，以期更能符合职业教育的特点和读者的实际需求。

  在本书修订过程中,自始至终得到了编者所在学院领导和同行的大力支持,也得到了兄弟高职院校同行的鼎力协助和热情支持,在此深表感谢。虽然我们做出了很大努力,但仍有许多不到之处,恳请得到读者的批评指正。

编 者

2020 年 11 月

目 录

第 一 篇

第一章 沟通概述 …………………………………………………… 3
第一节 沟通的含义 …………………………………………… 3
第二节 沟通的分类 …………………………………………… 6
第三节 沟通过程 ……………………………………………… 8
第四节 双向沟通及其三行为 ………………………………… 11
第五节 沟通障碍及处理对策 ………………………………… 12

第二章 沟通理论 …………………………………………………… 18
第一节 有效沟通的十原理 …………………………………… 18
第二节 有效沟通的三要素 …………………………………… 21
第三节 有效沟通的三原则 …………………………………… 22
第四节 沟通漏斗理论 ………………………………………… 24
第五节 沟通视窗理论 ………………………………………… 26

第三章 沟通心态 …………………………………………………… 29
第一节 尊重 …………………………………………………… 29
第二节 自信 …………………………………………………… 30
第三节 真诚 …………………………………………………… 32
第四节 互动 …………………………………………………… 33
第五节 平等 …………………………………………………… 34
第六节 宽容 …………………………………………………… 36

第 二 篇

第四章 恰当表达 …………………………………………………… 41
第一节 如何做到恰当表达 …………………………………… 41

第二节　说话的艺术 …………………………………………… 48
第五章　书面沟通 ………………………………………………… 54
　　第一节　书面沟通的特点 ……………………………………… 54
　　第二节　书面沟通的一般要求 ………………………………… 57
　　第三节　常用的书面沟通文体介绍 …………………………… 57
第六章　非语言沟通 ……………………………………………… 67
　　第一节　非语言沟通的特点 …………………………………… 67
　　第二节　非语言沟通的作用 …………………………………… 68
　　第三节　常用的非语言沟通 …………………………………… 70
第七章　有效倾听 ………………………………………………… 79
　　第一节　倾听的含义与作用 …………………………………… 79
　　第二节　倾听的障碍 …………………………………………… 81
　　第三节　倾听的基本要求 ……………………………………… 82
　　第四节　倾听的基本技巧 ……………………………………… 83

第　三　篇

第八章　人际风格沟通 …………………………………………… 91
　　第一节　人际风格的四种类型 ………………………………… 91
　　第二节　人际风格的特征与沟通建议 ………………………… 93
第九章　如何与领导沟通 ………………………………………… 100
　　第一节　与领导沟通需要的态度 ……………………………… 100
　　第二节　如何向领导汇报工作 ………………………………… 103
　　第三节　如何接受领导的批评 ………………………………… 106
第十章　如何与同事沟通 ………………………………………… 110
　　第一节　同级沟通困难的原因 ………………………………… 110
　　第二节　同级沟通的三种形式 ………………………………… 111
　　第三节　与同事良好沟通的技巧 ……………………………… 112
　　第四节　学会与各种类型的同事打交道 ……………………… 116
第十一章　如何与下属沟通 ……………………………………… 120
　　第一节　与下属沟通的基本策略 ……………………………… 120
　　第二节　如何布置工作 ………………………………………… 122
　　第三节　如何表扬下属 ………………………………………… 124

第四节　如何批评下属 …………………………………… 125
第十二章　客户拜访与沟通 …………………………………… 129
　　第一节　客户拜访 ……………………………………… 129
　　第二节　客户跟踪 ……………………………………… 133
　　第四节　同客户沟通 …………………………………… 135
　　第四节　产品介绍 ……………………………………… 138

第 四 篇

第十三章　电话沟通 …………………………………………… 145
　　第一节　电话形象 ……………………………………… 145
　　第二节　接听电话的技巧 ……………………………… 146
　　第三节　打电话的技巧 ………………………………… 147
　　第四节　电话沟通中的其他注意事项 ………………… 149
　　第五节　其他电子媒介沟通简介 ……………………… 149
第十四章　会议沟通 …………………………………………… 155
　　第一节　会议的定义与类型 …………………………… 155
　　第二节　会议的组织 …………………………………… 156
　　第三节　会议角色 ……………………………………… 160
　　第四节　如何应对会议的困境 ………………………… 162
第十五章　应聘沟通 …………………………………………… 168
　　第一节　现场应聘 ……………………………………… 168
　　第二节　求职信应聘 …………………………………… 173
第十六章　演讲沟通 …………………………………………… 179
　　第一节　演讲概述 ……………………………………… 179
　　第二节　演讲的内容组织 ……………………………… 180
　　第三节　演讲中的声音技巧 …………………………… 183
　　第四节　演讲中的体态语 ……………………………… 185
　　第五节　演讲的心态调试与应变技巧 ………………… 186
　　第六节　演讲风格 ……………………………………… 188
第十七章　商务谈判沟通 ……………………………………… 193
　　第一节　商务谈判沟通的特点 ………………………… 193
　　第二节　商务谈判沟通的基本步骤 …………………… 194

第三节　商务谈判沟通的策略 ………………………………… 196
第十八章　网络人际沟通 …………………………………………… 202
　　第一节　网络人际沟通的特点 ………………………………… 202
　　第二节　网络人际沟通的方式 ………………………………… 203
　　第三节　网络人际沟通的策略 ………………………………… 205

第 一 篇

第一章 沟通概述

第一节 沟通的含义

1. 沟通的概念与作用

汉语"沟通"一词最早出现在《左传》中,《左传》记:"吴城邗,沟通江淮",说的是公元前486年,吴王夫差在平楚服越之后,欲北上中原,一争霸主,在今天扬州边上修建邗城(今扬州市邗江区),并在城下向北开通运河以沟通江、淮二水,名"邗沟"。这就是中文"沟通"一词的最初来源。

当年吴王通过修建邗沟,以沟通江淮之水,今天"沟通"是指人与人之间传递信息、传播思想、传达情感的一个过程,是一个人获得他人思想、情感、见解、价值观的一种途径,是人与人之间交往的一座桥梁,通过这座桥梁,人们可以分享彼此的情感和知识,消除误会,增进了解,达成共识。

现代社会是一个开放的系统。社会组织为了自身的生存和发展,需要不断地研究和了解复杂多变的外部环境,在内部则需要正确地确定目标,做出决策、制订计划并科学地对生产过程进行组织、指挥、协调和控制,以确保组织能正常、有效地运转。所有这些,都离不开信息沟通。信息沟通对于一个组织来说,就像神经系统对人体一样不可缺少,它是人们之间传达思想和交流信息的过程。

任何一个管理过程,都包含两种性质的运动形式:一是物质流——人、财、物的输入、输出;二是信息流——各种信息的传递、接收和处理。管理者通过信息流掌握物质流的状况,进而指挥物质流的运动。从这个意义上说,管理部门的职责就在于通过信息流控制物质流。

管理,就是经由他人的努力而达成一定的目标。管理者较少与"具体的事物"打交道，而更多的是与"事物的信息"打交道。管理者要想做好任何管理工作，都离不开信息和信息沟通。为了有效进行信息沟通，充分发挥信息沟通的作用，对有关沟通的一些基本问题应该有所了解。

没有人与人之间的沟通就不可能做到协调。事实上，组织的管理者每天所做的大部分事务，都是围绕沟通这一核心问题展开的，例如，与上司和下属的沟通，与社会公众的交流，等等。

沟通既指组织信息的正式传递，又包括人员、团体间的情感交流。沟通是技术性的，但比技术更有意义的是因此而建立起来的关系，人们互相了解、互相尊重，彼此坦率地讨论个人情感和个人问题，等等，这是管理者最希望看到的关系状态。

所以，沟通是指为了特定的目的，将信息及其含义，经由各种管道或媒体，在人与人、人与群体间传递，并达成共同协议的过程。

2. 沟通的作用

沟通不仅是一个人获得他人思想、感情、见解、价值观的一种途径，而且是一种重要的、有效的影响他人的工具和改变他人的手段。在以人为本的管理中，沟通的地位越发重要，管理者所做的每一件事都需要有信息沟通，沟通的重要性不言而喻。然而正是这种大家都知道的事情，却又常常被人们忽视。

没有沟通，就没有成功的组织或企业。组织内部良好的沟通文化可以使所有员工真实地感受到沟通的快乐和绩效。加强组织内部的沟通管理，既可以使管理层工作更加轻松，也可以使普通员工大幅提高工作绩效，同时还可以增强组织的凝聚力和竞争力，因此，我们每个人都应该从战略意义上重视沟通。双向沟通的优点是沟通的信息准确度较高，接受者有反馈意见的机会，产生平等感和参与感，增加自信心和责任心，有助于建立双方的感情。

沟通的作用可以从信息、情绪表达、激励和控制4个方面去理解。

（1）收集信息，使决策能更加合理和有效。沟通的过程实际上就是信息双向交流的过程，主管人员需根据信息做出决策。任何组织的决策过程，都是把信息转变为行动的过程。准确可靠而迅速地收集、处理、传递和使用信息是决策的基础。

（2）改善人际关系，稳定员工的思想情绪，统一组织行动。沟通是人际交往的重要组成部分，它可以解除人们内心的紧张等不良情绪，使人感到愉悦。在相互沟通中，人们可以增进了解，改善关系，减少不必要的冲突。

（3）沟通可以激励员工。有效的沟通可以使组织成员明确形势，告诉他们做什么，如何来做，没有达到标准时应该如何改进。目标设置和实现过程中信息的持续反馈和沟通对员工都有激励作用。在沟通的过程中，信息的接收者接收到并理解了发送者的意图之后，一般来讲会做出相应的反应，改变自身的行为。这时沟通的激励作用就体现出来了。

（4）沟通对组织成员的行为具有控制作用。组织的规则、章程、政策等是组织每一个成员都必须遵守的，对成员的行为具有控制作用。而成员是通过不同形式的沟通来了解、领会这些规则、章程、政策的，因此，沟通对组织成员的行为具有控制作用。

沟通的作用还可以从个人的生理需求、认同需求、社交需求3个方面去理解。

（1）生理需求，沟通对生理健康产生很大影响。一系列医学研究表明：那些缺乏亲密友谊和家庭关系等充足社会联系的人，比那些拥有良好社会关系的人更容易患心脏病、高血压等重大疾病，更容易过早死亡，并且他们也更容易受到感冒等日常疾病的侵扰，需要更长的时间从疾病和伤害中恢复过来。离婚男性、单身男性比婚姻中的男性患高血压、中风、心脏病的概率高2倍。离了婚的男性和女性，患癌症的概率是已婚人士的5倍。对1 447人长达10年的研究中，通过控制年龄、收入、疾病、烟酒、运动等多个变量之后，发现良好的沟通对寿命是有益的。那些沟通良好的人有更长的寿命预期。

（2）认同需求，我们对自我的认同源自我们和他人的互动。埃里克森提出，自我认同的确立是青少年的重要发展任务。自我认同是关于个体是谁、个体的价值和个体的理想是什么的一种稳定的意识。每个人在青年时期都在探索并尝试去建立稳定的自我认同感。会对"我是什么样的人、我这个人怎么样、我应该成为什么样的人"形成辩证统一的认识。我们通过与他人交流，通过他人的回应来认识自己，完善自己，积极寻求生活的目的与人生的意义，形成完善的人格，成为理想中的自己，使主体我和客体我达到统一。

（3）社交需求，积极的社交关系是幸福的重要来源。沟通除了可以帮助我们塑造自我认同之外，也提供我们和他人之间重要的社交需求。社交需求包括娱乐、感情、友谊、解闷、休闲和控制等。这些需求存在于各种关系中——在朋友、同事、家人、陌生人之间，而沟通就是满足我们社交需求的主要方法。调查研究显示：最快乐的那10%的人都认为自己拥有丰富的社交生活。据成功学家们的研究表明，一个正常人每天花60%~80%的时间在

"说、听、读、写"等沟通活动上。也正如此,一位智者总结到:"人生的幸福就是人情的幸福,人生的幸福就是人缘的幸福,人生的成功就是人际沟通的成功。"积极的人际沟通是每一个人生活满足感和幸福感唯一的,也是重要的来源。

除了以上需求,按照马斯洛的需求理论:生理需求—安全需求—社交需求—自尊需求—自我实现需求,可以说,每一个阶段需求的实现,都离不开沟通。

可见,人生存于社会,做人做事就必须与人打交道,也就是我们通常所说的"人际关系",而维护、保持良好的人际关系靠的是"沟通"。如果没有沟通,就形成不了社会关系,就无法生存下去。沟通会让别人了解你、认识你、懂得你,从而减少你生活中无谓的烦恼,使你的生活相对快乐些。

第二节 沟通的分类

1. 语言沟通和非语言沟通

根据信息载体的异同,沟通可分为语言沟通和非语言沟通。

语言沟通建立在语言文字的基础上,又可分为口头沟通和书面沟通两种形式。口头沟通是面对面的口头信息交流,如谈心、会谈、讨论、会议、演说以及电话联系等。其优点是有亲切感,可以用表情、语调等增加沟通的效果,可以马上获得对方的反应,具有双向沟通的好处,富有弹性,可以随机应变。

书面沟通即指通过通知、文件、书信、电报、调查报告等方式进行的信息交流。其优点是具有一定的严肃性、规范性、权威性,它可以作为档案材料和参考资料以及正式交换文件长期保存。

非语言沟通即肢体语言沟通,是通过动态无声性的目光、表情、手势语言等身体运动或者是静态无声的身体姿态、空间距离及衣着打扮等形式来实现沟通。

2. 正式沟通和非正式沟通

信息通过组织明文规定的渠道进行的传递和交流是正式沟通。如组织内部的文件传达、通知发送、工作布置、工作汇报、各种会议以及组织与其他组织之间的公函往来都属于正式沟通。

在正式沟通渠道之外进行的信息传递和交流称为非正式沟通,非正式沟通既具有沟通形式灵活、信息传播速度快等优点，又具有随意性和不可靠性等弱点。

小道消息，又称"葡萄藤"沟通，是一种信息量极大的非正式沟通渠道，来自小道消息渠道的信息可能经常被曲解，尽管如此，仍比那些来自正式渠道的信息更具有可靠性。一位总经理说："如果我散布一条谣言，我知道在一天内我就能听到反应；如果我传递一份正式备忘录，我要等待三个星期才能听到反应。"当正式沟通不畅通时，非正式沟通就是一种比较好的选择。

3. 下行沟通、上行沟通和平行沟通

根据信息流动的方向，将沟通分为下行沟通、上行沟通和平行沟通。下行沟通是上级向下级传递信息，如单位的上级领导向下级发送命令和指示。上行沟通是指由下级向上级传递信息，如员工向上级报告工作情况、提出自己的建议和意见、表述自己的态度想法等。

平行沟通是指同级之间传递信息，如员工之间的交流、同一层级不同部门的沟通等。平级沟通有助于加强相互间的了解，增强团结，强化协调，减少矛盾和冲突，改善人与人之间的关系。

4. 单向沟通和双向沟通

根据发信者与接信者的地位是否变换，可将沟通分为单向沟通和双向沟通。

单向沟通只是一方向另一方发出信息，发送信息者与接收信息者的方向位置不变，双方无论在语言上还是在表情动作上都不存在反馈信息，发指示、下命令、演讲、报告等都更多的带有单向沟通的性质。

双向沟通即指发送者和接收者的位置不断变化，发送者以协商、讨论或征求意见的方式面对接收者，信息发出后，又立即得到反馈。有时双方位置互相转化，直到双方共同明确为止。招聘会、座谈会等都属双向沟通。

美国心理学家莱维特对二者作了比较研究，单向沟通的速度比双向沟通快，信息发送者的压力小；双向沟通比单向沟通准确；现实中，纯粹的单向沟通很少见，信息接收者会以各种方式作出反馈；双向沟通中，由于接受者可以向信息源提出不同意见而使信息源常感到有心理压力。

由此可见，单向、双向沟通各有所长，究竟采用何种方式沟通，要视具体情况而定。如果需要迅速地传达信息，应采取单向沟通方式；如果需要准确地传达信息，以采取双向沟通为宜。一般来说，如果工作急需完成，或者工作性质比较简单,或者发信者只需发送信息,无须反馈时,多采用单向沟通方式。

第三节　沟通过程

信息沟通必须具备3个要素:信息的发送者,信息的接收者,所传递的信息内容。下图根据拉斯韦尔的"5W"模式描述了沟通的过程。

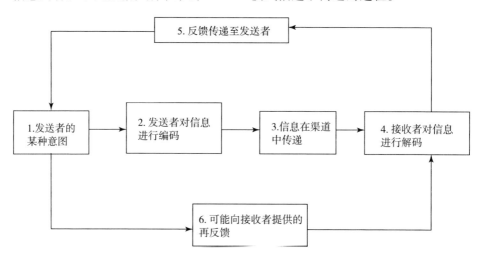

沟通过程由发送者开始,发送者首先将头脑中的思想进行编码,形成信息,然后通过传递信息的媒介物——通道发送给接收者。接收者在接收信息之前,必须先将其翻译成可以理解的形式,即译码。发送者进行编码和接收者进行译码都要受到个人的知识、经验、文化背景和社会系统的影响,沟通的最后一环是反馈,是指接收者把信息返回给发送者,并对信息是否被理解进行检查,以纠正可能发生的某些偏差。整个沟通过程都有可能受到噪声的影响。所谓噪声,是指信息传递过程中的干扰因素,包括内部的和外部的,它可能在沟通过程的任何环节上造成信息的失真,从而影响沟通的有效性。

沟通过程的基本要素包括以下方面。

1. 沟通意图

人们进行沟通的时候都带着特定的意图或者目的。沟通意图可能表现很明显,也可能是内隐的。沟通的目的可以是为了提供信息;也可以是影响别人,使人改变态度;或为了与某人建立某种联系;或纯粹是为了娱乐。不管是有意识还是无意识的,沟通者都是在沟通意图的驱使下进行沟通活动。

2. 发送者和接收者

信息的发送者是制造信息来源的人,是沟通的启动者。信息发送者在沟通中居于主动的地位,他首先要确定沟通的目标,明确要传送的内容,考虑采用什么形式进行传送,然后把所要传送的思想、情报、情感等内容,通过转换变成对方所能理解的信息如文字、语言或表情等传送出去,经过一定的渠道让对方接受,因而发送者是首要的沟通者。

信息的发送者和接收者共同构成沟通主体。沟通具有一定的目的性,是要把一定的信息传送给特定的对象。因为沟通多以双向沟通的形式出现,所以沟通中发送者和接收者的划分也是相对的,当接收者将自己的反应或问题反馈到发送者那里的时候,二者的位置互换。当发送者发出信息后,接收者通过一定的渠道收到信息并有选择地吸收消化这些信息,进一步转化为自己理解的内容和意念,经过判断采取相应的行为,因而接收者是响应的沟通者。

我们所倡导的沟通是一个双向、互动的过程。沟通主体同时也是客体。沟通发送者与接收者在同一时间里,角色互相转换,过程可逆向进行。

3. 信息

传递过程中的内容称作信息。内容能够成为信息被传送需要转变为传者与受者都能理解的符号即语言、文字、表情等,信息只有表现为符号才能得以沟通。

信息不仅是指语言、文字等,也包括发送者和接收者要分享的思想、意图、情感等。所有的沟通信息都是由语言和非语言两种符号来表示的。语言符号比较复杂。当我们说"马"这个词时,我们双方都知道在谈论是什么马时,"马"是一个具体符号,一个代表具体事物的符号。然而,当我们双方只谈论"马"这个词时,心中却产生了不同的马,它可以是白马,也可以是黑马,可以是骏马,也可以是驽马。

非语言符号是不用语言而进行沟通的方式。我们可以通过面部表情、手势、姿势、语调和外表等方式,达到沟通的目的。人们给非语言符号赋予了特定的含义。眼睛睁得大大的意味着惊讶,皱眉意味着疑惑,发呆意味着对你的谈话不感兴趣。

4. 渠道

沟通的渠道形式是指信息传递的途径和方式,主要有包括口头、书面和非语言。它是信息传递的直接物质载体。渠道的选择直接关系到信息传递或反馈的效果。不同的信息内容要求不同的渠道。在现实中，除了电视、广播、报纸、电话等这些日常的沟通渠道外，近几年以移动手机客户端为社交媒介App的沟通发展迅速，手机移动社交媒介沟通包括电子邮件、QQ、MSN、微博、微信、钉钉、抖音、头条等。这些社交媒介沟通的优势是可以传递大量的、准确的信息，可以传递视频、音频，甚至可以直播在线。直播在线越来越成为一种常见的沟通方式，它不仅包含你说的内容，也包含了说话时抑扬顿挫的语气，能够传递给对方一定的情感和思想，而且反馈速度快，能够及时做出某一个决定。在进行大量信息沟通的5G时代，移动手机客户端为社交媒介沟通是非常好的一种方法。

5. 反馈

反馈的概念出自电子工程学，指发出的电磁波或者所携带信息的回流，用在沟通中则指接收者对发送者信息的反应。这种反应有认识、说服、证实、决定、实行等多种表现，通过反馈传者可以了解受者对传送信息的要求、愿望、评价、态度等。

反馈可分为不同类型，如正反馈（受者理解了信息）和负反馈（受者误解了信息），直接反馈（直接来源于受者的语言、表情等）和间接反馈（通过特定的人、组织等第三者得到），真实反馈和假性反馈（经过伪装的反应）等。

反馈是信息在发送者和接收者相互间的反应。反馈对沟通至关重要。如果反馈显示接受者接受并理解了信息，这种反馈就是正反馈；如果反馈的信息没有被接受，没有被理解，这种反馈就是负反馈。因此，反馈能够检验信息是确定的还是不确定的；是充分的，还是不充分的；是难以理解，还是容易理解，沟通者会根据反馈不断调整自己的信息。

6. 编码和译码

编码就是指发送者将其所要传播的内容和思想，以语言、文字或其他符号进行编排的过程。

译码是信息接收者对信息进行解码的过程，是接收者将获得的信息转换为自己所能理解的过程。接收信息时一定要做到完整，力求接收传送来的每一个信息符号。

7. 环境

环境不单纯指沟通的地点，还包括沟通条件背景、问题的性质、文化氛围、心理等内涵。在沟通过程中，许多意义是由环境提供的，甚至词语的意义也会随环境的改变而改变。

在现实的生活中，由于环境的差异常常会造成习惯用语上的差异。中国人的话和西方人的话相比就含糊得多，同样的问题，回答却是大相径庭。比方说，在外国的环境里，你夸奖一个人时他会回答"谢谢"；在中国的环境里面，当你夸奖一个人时，他会回答说"哪里哪里"。如果在中国的环境里，你夸奖一个中国人的时候，他如果连续回答几个"谢谢"，你可能就会认为这个人太狂妄了，这就是思维方式的不同造成的。其实，在外国人说"谢谢"的过程中，他们确实是真心接受的；而中国人说"哪里哪里"是一种谦虚的表现，其实心里是很滋润的，此时他的所言并非是心声。如果不能够体会对方的真实想法，那你做出来的行为反应就会有差错，沟通的效能就有问题。

8. 障碍

无论何种类型的信息在沟通过程中都可能因为某些因素的影响，或沟通系统本身存在问题而失真或误传，这种现象被称为障碍，或噪声。同样一句话，说话的情景不同，说话人的语气、表情、手势不同，常常会表达出不同的意思。

后面我们将对沟通中的种种障碍进行系统分析，并提出克服这些障碍的有效对策。

第四节　双向沟通及其三行为

1. 双向沟通

双向沟通中是指发送者和接收者两者之间的位置不断交换，且发送者是以协商和讨论的姿态面对接收者，信息发出以后还需及时听取反馈意见，必要时双方可进行多次重复交流，直到双方共同明确和满意为止。

双向沟通广泛存在于日常生活与工作中，较之于单向沟通其难度也大得多。要避免出现以下三种情况。

非对称性沟通。比如，对于父母与孩子来说，双向沟通有些困难，很多家长都是单向沟通，对于子女的意见很少听取。但是对于青少年来说双向沟通是很重要的，这样可以走进孩子的内心，去了解孩子。在面试中，面试者会以面试官给的信息作为自己反应的根据，然而，面试官并非根据面试者的信息，主要根据自己的原定计划行事。

假的双向沟通。比如，在开会的时候，交流的双方主要对自己的计划做出反应，这就出现了各说各的，一方的反应并不取决于另一方的信息。

反应性双向沟通。沟通双方根据对方所表达的内容和方式作出相应反应，自己没有预先计划和目标的信息交流。如朋友间漫无边际的闲聊、乘客与售票员之间的争执，这类沟通具有一定的随意性和情境性。

因此，良好的双向沟通双方都能对彼此的信息做出反应，同时又都能受自己原有计划的调节。工作中，大家熟悉的例行公事、低层的命令传达，可用单向沟通；如果要求工作的正确性高、重视成员的人际关系，则宜采用双向沟通；处理陌生的新问题，上层组织的决策会议，双向沟通的效果较佳。从领导者个人来讲，如果经验不足，无法当机立断，或者不愿下属指责自己无能，想保全权威，那么单向沟通对他有利。

双向沟通的优点是沟通信息准确性较高，接收者有反馈意见的机会，会让人产生平等感和参与感，增加自信心和责任心，有助于建立双方的感情。

2. 双向沟通的三个行为

要形成一个双向的沟通，必须包含三个行为，即：说的行为、听的行为和问的行为。一个有效的沟通技巧就是由这三种行为组成的。换句话说，考核一个人是否具备沟通技巧的时候，看他这三种行为是否都出现。

【案例】 某公司在招聘员工面试时，让10个应聘者在一个空荡的会议室里一起做一个小游戏，很多应聘者在这个时候都感到不知所措。在一起做游戏的时候主考官就在旁边看，他不在乎你说的是什么，也不在乎你说的是否正确，他是看你说、听、问三种行为是否都出现，并且这3种行为是有一定比例出现的。如果一个人的话非常多，始终在喋喋不休地说，可想而知，这个人表现欲非常强，这将是第一个被请出考场或者淘汰的一个人；如果你坐在那儿只是听，不说也不问，那么，也将很快被淘汰。在游戏的过程中能做到说、听，同时还会问的人才能顺利通过面试，因为这意味着你具备良好的沟通技巧。

所以说当我们在沟通的时候，一定要养成良好的沟通习惯：说、听、问三种行为都要出现，并且这三者之间的比例要协调。

第五节　沟通障碍及处理对策

沟通中的种种因素会阻碍信息的表达，引起我们对沟通信息的误解，从而导致无法进行沟通或沟通不畅。要想进行有效的沟通就必须克服这些障碍。

1. 克服沟通中的语言障碍

语言是沟通中最重要的工具,如果在语言方面出了差错,肯定会对沟通的顺利进行产生很大的影响。所以一定要避免语言方面的障碍给沟通带来的信息扭曲,甚至沟通破裂的后果。

(1) 克服语言不同、语音差异造成的沟通障碍。中国是一个拥有56个民族的大家庭,不同的民族都有自己的语言,即使是同一个民族,由于地域的不同,语音也有很大差异。所以当不同民族,不同地域的人们进行交流时,由于语言或语音上的差异,肯定会对沟通造成一定的影响。为了克服这种沟通障碍就需要沟通双方的语言、语音一致。

(2) 克服语义不明造成的沟通障碍。语义不明大多为语言表达上的失误所造成的。表达中措辞不当或者内容失调都可能使对方不知所云。所以在语言表述中要注意词语搭配得当,根据场合和沟通双方地位、品位的不同而分别选用恰当的词语;在内容上要求表述完整,分清主次。

(3) 克服不良的说话习惯造成的沟通障碍。如果没有养成良好的说话习惯也会对沟通造成十分不好的影响。例如,习惯用鼻音说话,声音过高或者过低,语音、语速生硬,缺少应有的变化,动作过多,过多使用口头禅等。要克服这些不良的说话习惯,需在平时说话中多加注意,多按照正确的说话方式来练习,还可以找人来监督。

2. 克服沟通中的习俗障碍

不同的国家、民族和地域由于历史的沉淀形成了各具特色的风俗习惯,从而为沟通设置了一道无形的屏障。要想在沟通中打破这些屏障,就要求在沟通前对沟通对象的风俗习惯有所了解,从而在沟通中避免触犯对方的禁忌。

3. 克服沟通中的角色障碍

我们每个人在生活中都扮演着多种角色,例如,丈夫、儿子、领导、下属、党员,等等。在与对方沟通中如果角色定位错误,或者没有意识到双方角色的差异,都会对沟通造成不好的影响。所以,在沟通前最好能明确自身在沟通中的角色:你是和你的下属沟通,还是和你的上级沟通。同时,还要对你和沟通对象在社会地位、价值观念、宗教派别、职业差别等各个方面都有一定的了解,这样就可以在沟通中有针对性、选择性地传递一些有利于双方达成共识的信息。

4. 克服沟通中的个性障碍

当今大学生绝大多数都是"00后",是个性张扬,各具特色的一个群体。

当这些有着不同特点的同学生活在一起时，在人际交往和沟通方面难免会出现很多问题。这些问题中，以自我为中心是大学生人际交往与沟通中存在障碍的重要原因。

以自我为中心，在与别人交往时，"我"字优先，只顾及自己的需要和利益，强调自己的感受，而不考虑别人。在与他人相处时，不顾场合，不考虑别人的情绪，在交往中通常只从自己的经验角度去认识他人处理事物的方法，对任何事物都带着强烈的主观性。在沟通过程中，把自己的观点、方法、建议强塞给对方，一味强调"我想给你的东西"，而没有真正感受"你真正想要的东西"。结果，我们提供一大堆自己觉得有用的帮助，却不是对方想要的，时间久了，就会导致自我封闭，没人愿意和你沟通。我们从小到大基本上都是这种沟通形式，基本上习惯了这种沟通，并用这种沟通形式和别人沟通，并把这种沟通延伸到周围所有人。这种以"我"为中心的沟通方式：我建议，我认为，我觉得，我想，后面包含一些观点和建议，从内容上来看，好像信息量很有用，然而，它忽略了"你"作为沟通者的存在。这些看似很有用的信息里面包含着：规劝、说教、训导、评论、警告。这会造成一个直接后果就是对方向你关闭沟通，不愿意把自己的真实感受表达出来。

所以，在与人沟通中，我们要克服沟通中个性障碍，不妨多谈一些关于对方的话题，把"我"变成"你"，这样对方往往会表现出很大的兴趣。后面的交往就会自然而然地顺利进行了。

以对方为中心，就是邀请他表达，把话语权留给他，让他说出自己的感受和想法。比如我们可以运用这些引导性的话语："你这件夹克很有特色。能不能说一下，这个标识代表的是什么啊？""你是我们这里游泳最棒的。你都参加过哪些训练呢？""你看上去好像不太高兴啊。我能帮你做点儿什么吗？"……这些话看上去没有任何"营养"，没有什么信息量。可是，它们不带有评价，传递出来的信息是："我很期待听到你的感受""我尊重你的想法和情绪""我希望更多地了解你"……它们就像一张张邀请卡，鼓励对方打开沟通的大门。

现代社会是一个提倡个性解放的社会，个性的张扬无疑对沟通有一定的影响。如果双方在个性上有一定的冲突，那么必然在沟通中会以某种形式表现出来。所以在沟通前或者沟通过程中，要通过对对方言谈举止的敏锐观察，来判断他的气质、性格、能力、兴趣等各方面的特点。然后针对这些判断找出双方的共同点，以此来促进沟通的进一步开展。

5. 克服沟通中的心理障碍

沟通中的个人认知差异、情感冲突都为成功沟通埋下了隐患。只有克服了这些心理上的障碍，沟通才能取得比较满意的效果。

（1）克服个人认知的心理障碍。个人认知中影响沟通效果的因素有先入为主的第一印象、固定的社会心理等。如果你总是以第一印象来决定与对方沟通的结果，那就有些武断，因为第一印象只是你了解对方的第一步，并不能显示出对方的全部信息。所以，一定要结合沟通中对方的表现来验证你的第一印象，这样你的结论才是全面可靠的。

固定的社会心理也会影响到沟通的效果。如果你对对方有一些种族、政治、宗教上的偏见，对某些职业有一些概念化的印象，等等，那么，在沟通中肯定会或多或少地影响到你对对方的态度和评价，从而使沟通达不到预想的良好效果。要克服它首先自己要能客观地看待这些事物，或者把这些分歧暂时忽略掉，使沟通在平等、友好的氛围中顺利进行。

（2）克服情感冲突所造成的沟通障碍。人都是有感情的，沟通中适当的感情表露能增加双方的信任感，促进进一步的沟通。如果感情表露不当，或者感情失控，沟通就无法顺利进行。所以在沟通中要会驾驭自己的感情，根据沟通中的具体情况，表达出恰当的高兴、同情、理解等，要把握好感情表露的程度。

如果你在沟通中由于对方的一些优势而惧怕对方，或者因担心沟通结果对己不利而感到紧张，可以先做一下深呼吸，调节紧张的情绪，同时还要保持镇静，表现自信。还可以进行一些积极的想象，认为自己完全可以和对方平等沟通，甚至可以战胜对方，取得满意的沟通效果。

6. 克服沟通中的环境障碍

沟通的环境如何也同样能在很大程度上影响到沟通的效果。如果选择光线昏暗，声音嘈杂，空气炙热，位置偏僻的地方来进行交流，肯定不会有什么好的效果，所以环境因素也不可忽视。

（1）光线。可以将沟通的环境选在光线明亮的地方，但是也应避免光线太强。

（2）颜色。注意沟通场所的颜色，一般黄、橙、红等暖色调的场所使人感到温暖、愉快；蓝、紫、绿等冷色调的场所让人觉得安宁；浅黄、灰褐、象牙色等特殊色调的场所使人兴奋。可以依据沟通的对象，沟通目的的不同来选择不同的颜色搭配。

（3）空气。选择通风好，温度、湿度等各方面环境条件都适中的场所。温度依据具体的季节和天气的不同以及个人的身体状况来定，室内相对湿度在40%~60%是比较理想的。

（4）声音。一定要选择比较安静的地方来交流，否则沟通将无法顺利进行。一般要求声音控制在60分贝以内，否则沟通的双方都会受到噪声的干扰而变得烦躁不安，无法静下心来心平气和地进行沟通。

（5）位置。沟通的地点一般选在沟通双方都比较方便的地方，避免去一些特别边远、偏僻的场所；在沟通过程中也要保持适当的距离，不可过于疏远或者过于亲密。要依据对方的性格、与对方的熟悉程度、空间的大小等具体情况来确定最合适的沟通距离，以体现双方的亲密程度，使双方都比较放松。

【故事】 1954年，周恩来总理率领中国代表团参加日内瓦会议。会议期间，通知工作人员给与会的29个亚非国家代表放映彩色越剧片《梁山伯与祝英台》。工作人员为了使外国人能看懂中国的戏剧片，写了15页的说明书呈周总理审阅。周总理批评工作人员："不看对象，对牛弹琴"。工作人员不服气地说："给洋人看这种电影，那才是对牛弹琴呢！"

周总理说："那就看你怎么个弹法了，你要用十几页的说明书去弹，那是乱弹，我给你换个弹法吧，你只要在请柬上写一句话：请您欣赏一部彩色歌剧电影，中国的《罗密欧与朱丽叶》就行了。"电影放映时，与会的国际友人们看得如痴如醉，不时爆发出阵阵掌声。

附1：沟通测试

测试目的：测试一下你的沟通协调能力。

评分标准：回答"是"得1分，回答"否"不得分；得分在8~12分，说明协调沟通能力比较好；得分在1~4分时，说明协调沟通能力不太好，需要好好培养。

测试题：

1. 你真心相信沟通在组织中的重要性吗？
2. 在日常生活中，你会寻求沟通的机会吗？
3. 当你站在演讲台时，能很清晰地表达自己的观点吗？
4. 在会议中，你善于发表自己的观点吗？

5. 你是否经常与朋友保持联系？
6. 在休闲时间，你经常阅读书籍和报纸吗？
7. 你能自行构思，写出一份报告吗？
8. 对于一篇文章，你能很快区分其优劣吗？
9. 在与别人沟通的过程中，你都能清楚地传达想要表达的意思吗？
10. 你觉得你的每一次沟通都是成功的吗？
11. 你觉得自己的沟通能力对工作有很大帮助吗？
12. 喜欢与你的上司一起进餐吗？

附2：案例研讨

【案例】 张峰的苦恼

张峰是名校毕业的管理学硕士，两年后就出任某大型企业的制造部门经理。张峰一上任，就对制造部门进行改革。他发现生产现场的数据很难及时反馈上来，于是决定从生产报表上开始改革。他借鉴跨国公司的生产报表，设计了一份非常完美的生产报表，从报表中可以看出生产中的任何一个细节。

每天早上，所有的生产数据都会及时地放在张峰的桌子上，他很高兴，认为他拿到了生产的第一手数据。没有过几天，出现了一次大的产品质量事故，但报表上根本没有反映出来，张峰这才知道，报表的数据都是随意填写上去的。

为了这件事情，张峰多次开会强调，认真填写报表的重要性，每次开会后，在开始几天可以起到一定的效果，但过不了几天又变成老样子。这让张峰怎么也想不通。

分析一下张峰的沟通出了什么问题？应该如何改进？

第二章 沟通理论

沟通作为人类最基本、最重要的交往方式之一，不仅在社会管理中占据首屈一指的地位，而且在其他的人类行为中也扮演着十分重要的、不可或缺的关键角色。人类社会及人类社会中的任何一个基本组织，都是由两个或多个个体所组成的一个群体，沟通是维系组织存在，保持和加强组织纽带，创造和维护组织文化，提高组织效率、效益，支持、促进组织不断进步、发展的主要途径，可以说，没有不需要进行沟通的组织。没有沟通，就不可能形成组织和人类社会。家庭、企业、国家，都是十分典型的人类组织形态。人类在社会组织如企业中要实施管理，必须通过沟通，沟通是管理的核心和本质。

通过探讨沟通的一般定义、过程及其要素，我们了解到沟通并不是一个浅显的认识过程。要达成有效的沟通，人们必须遵守一定的原理，只有遵循这些基本原理，人们想要传递的信息才能如预期的那样及时、准确、完整地完成。

第一节 有效沟通的十原理

1. 真实性原理

有效沟通的真实性原理，即有效沟通必须是对有意义的信息进行传递。若传递没有意义的信息，哪怕整个沟通的过程完整，这样的沟通也会因为没有任何实质内容而失去其价值和意义，即成了无效与无意义的沟通。从经济学角度讲，无效沟通是对沟通资源，包括时间和精力、渠道、金钱上的一种浪费，不仅沟通本身毫无意义与价值，有时甚至还产生负效益，即沟通成本大于沟通的产出。一个良好的沟通过程，必须要有富有意义的信息需要沟通，这是沟通能够存在、成立和有效的内容基础和根本与首要前提。即有效沟通的内容必须具有真实意义，沟通内容与过程必须具有真实性，沟通的信息必须至少对其中一方是有用和有价值的信息。

2. 渠道适当性原理

有效沟通必须将有意义的信息，通过适当和必要的沟通渠道，由一个主体送达另一个主体，此即为有效沟通的渠道适当性原理。有了真实的信息需要沟通，也有一些渠道或通路可以将信息传送给信息接收者，并不能就完全保证沟通的有效性。为什么呢？因为不同的信息对于传递渠道的选择有要求。真实的信息，选择了不恰当的渠道进行传递，就会产生信息误读或扭曲，导致沟通受挫或受阻，有时甚至产生沟通灾难。如上司对下级表示友好的方式就因人、因场合而异，如方式选择错误，则可能引起沟通问题。

3. 沟通主体共时性原理

沟通过程中，所有有意义、真实的信息必须由适当的主体发出，并通过适当的渠道传递给适当的另一主体接收，此原理可称为有效沟通的沟通主体共同适当性或共时性原理。人们要想达成有效的沟通，信息的发送者和接收者都应该是而且必须同时恰好是应该发出和应该接收的沟通主体，发送者和接收者的主体适当或共时性这两者缺一不可。如信息虽由适当的主体发出，但接收者不对，或者接收者对了，但发送者身份或地位不适当，都会导致沟通失败。只有有意义的信息从适当的主体发出，并准确地传送给了适当的主体及时接收，沟通才可能是有效的。

4. 信息传递完整性原理

有效沟通必须由适当的主体发出，并通过适当的渠道，完整无缺地传送给适当的主体接收，此即为有效沟通的信息传递完整性原理。信息由适当的主体发出，通过适当的渠道传递，并且也由适当的主体接收了，沟通是否就一定能保证有效完成呢？不一定。这是因为，由于各种原因的影响和各种因素的干扰，被传递的信息，有可能在传递过程当中，人为或自然地损耗或变形。如果这种情况发生，那么，接收者接收到的信息，已经不是发出者所发出的严格意义上的同一信息。既然已经不是同一信息，那么，就有可能发生沟通失误或误解信息。因此，笔者认为沟通要完美和有效，信息在传递结束时必须仍然保持其内容的完整性。

5. 代码相同性原理

所有沟通主体，即所有信息发出者和信息接收者之间，在传递真实信息时，必须使用相同的信息代码系统，即信息在发出者那儿是以何种代码被编码的，在接收者那儿也必须以相同的代码系统对接收到的信息代码进行解码。

如果双方所使用的信息代码系统完全不同或存在较大差异，就会导致接收者对信息解读无法实现或解读错误，也就是导致沟通失败。即人们常说的，我在说 A，而你却在说 B。一旦类似错误发生，沟通的过程在形式上是完成与完整了，但在实际上没有形成有效的信息传递，解码过程出现了断裂，真正有效的沟通没有发生。

6. 时间性原理

任何沟通都是有时间限制的，整个沟通的过程必须在沟通发生的有效期完成，否则，也会失去了沟通的意义。如新闻报道就是典型的案例，新闻报道特别要注意的就是其时效性。另外，在战争中，特务或间谍的信息传递和有效沟通的及时性尤其显得触目惊心。时间上的紧迫性和制约如此突出，有可能导致战局差之毫厘，失之千里。

7. 理解同一性原理

沟通过程中，信息接收者必须了解、体验或理解信息发出者所发出信息的真正意义，这就是有效沟通的理解同一性原理。是否沟通过程的解码等过程均无差错，就能确保信息的真正意义被接收者理解呢？也不一定。每一个接收者都是独特的个体，其经历、经验、知识、兴趣，希望都会左右其对所解读的信息的内在意义的理解，理解一旦偏差，沟通的有效性就会产生问题。

8. 连续性原理

有效沟通还必须具有时间及沟通内容与方式上的连续性，即有效沟通的连续性原理。这是说，沟通主体之间要达成有效的沟通，人们必须考虑到相互之间沟通的历史情形，这是因为人类都是依据自己的经验、情绪和期望对各种情形做出反应的。我们不了解沟通对象的过去，会影响我们预测他现在或将来的行为，而这种预测会明显影响我们与沟通对象在当下的沟通行为。对沟通对象的了解越多越深，就越容易找到有效沟通的切入点和恰当方式与途径。从沟通内容与方式上来讲，对双方均已熟悉的沟通内容和方式尽量保证不要发生突变，应保持一定的连续性，会有利于沟通对象快速准确理解要沟通的内涵。

9. 目标性原理

有效沟通自然也应具有明确的沟通目的或目标，笔者称之为有效沟通的目标性原理。没有沟通目标的沟通，是很难把握与衡量其沟通效果是否与沟通的本意相偏离的。沟通目标、目的不明确，必将造成信息发送者所发信息混乱、模糊、含混不清，接收者只能靠经验和场景猜测对方的用意，从而极易导致沟通误差或沟通失败。另一方面，不同的沟通目标，一般会对应于不同的沟通方式和沟通行为。如果你想得到你同事的支持，你会特别注意增强和发展你们之间相互关系中友好、合作的一面，但如果你不想让他再给你增添额外的工作，你可能会想方设法减少友好关系的成分。而这些不同的目的、目标当然会影响沟通的行为与效果。

10. 噪声最小化原理

影响有效沟通的重要因素之一——客观存在于信息沟通过程中的沟通噪声必须尽量减少，即有效沟通的噪声最小化原理。事实上，无论人们做出多大的努力，噪声总是难以消除殆尽的，但这并不意味着我们就无法尽量降低噪声的分贝。比如，一个歌唱家在歌唱时，周围的噪声越低，其歌声必然会越清晰，听众听到的歌声失真的可能性就越小。沟通中信息的传达也是这个道理。

第二节　有效沟通的三要素

1. 要有一个明确的目标

事实上，只有大家有了明确的目标才叫沟通，否则那就不是沟通，而是闲聊天。而我们以前常常没有区分出闲聊和沟通的差异，如有同事或领导说："小李，咱们随便沟通沟通。"随便沟通，本身就是矛盾的。因为沟通就要有一个明确的目标，这是沟通最重要的前提。所以，当我们理解了这个内容之后，我们在和别人沟通的时候，见面的第一句话最好应该说："这次我找你的目的是……"沟通时说的第一句话要表达出你的目的，这是非常重要的，也是你的沟通技巧在行为上的一个表现。

【案例】　通知开会

总经理办公室通知所有部门的部长于周三下午在公司会议室开会，2点左右，大家陆续到达会议室。人事部部长问财务部部长："今天会议的内容是什么？"财务部部长答道："我也不知道，让来开会就来呗，让发言就说说，不用发言就听听。"

开会是组织中重要的沟通形式。一般来说，开会之前应将会议主题告知与会人员，最好将会议材料提前发给大家，让大家"有备而来"。

2. 达成共同的协议

沟通结束以后一定要形成一个双方或者多方都认同的协议，只有形成了这个协议才算完成了一次沟通。如果没有达成协议，那么就不能称之为有效沟通。沟通是否结束的标志就是：是否达成了一个协议。在实际的工作过程中，我们常见到大家一起沟通过了，但是最后没有形成一个明确的协议，大家就各忙自己的工作去了。由于对沟通的内容理解不同，又没有达成协议，最终造成了工作效率的低下，双方又增添了很多矛盾。我们明确了沟通的第二个要素后，应该知道，和别人沟通结束的时候，最好这样来结束谈话："非常感谢你，通过刚才的交流我们现在达成了这样的协议，你看是这样的一个协议吗？……"这是沟通技巧的一个重要体现，即在沟通结束的时候一定要有人来做总结，这是个非常好的沟通行为。

3. 沟通信息、思想和情感

沟通的内容不仅仅是信息还包括更加重要的思想和情感。那么，信息、思想和情感哪一个更容易沟通呢？当然是信息。例如，今天几点钟起床？现在是几点了？您吃饭了吗？几点钟开会？这样的信息是非常容易沟通的，而思想和情感却是不太容易沟通的。在我们工作和生活的过程中，很多障碍使思想和情感无法得到很好的沟通。事实上，我们在沟通过程中，传递更多的是彼此之间的思想，而信息的内容并非主要的内容。

第三节　有效沟通的三原则

1. 谈行为，不谈个性

通俗地说，就是对事不对人，它不仅是沟通的一个基本原则，也是管理学中强调的一个管理原则。当出现一件事时，我们只针对这件事，分析原因，找出解决办法，而不去评价事情执行者个人怎么样。尤其是与上司打交道时，千万不能在一个上司的面前去评价另一个上司怎么样，当然更不能当着上司的面评价上司本人。可以给上司提出工作建议，适当时可以提出自己对上司决定的看法，但一定要记住不能因为上司某个决定不符合你的价值观，就去评价上司这个人怎么样。为什么？举个例子：婚姻生活中，女人评价男人，经常是对事不对人。争吵中可以经常听见女人这样说："我真没想到你是这样的人，也不知道当时是哪块猪油蒙住了眼睛！"其实，也许就是男人今天上街没有给她买她已看中的衣服而已。男人在生活中经常遇到女人的这种评价，夫妻争吵的大部分原因也是这样造成的。时间长了，男人也开始对人不对事了。在心里嘀咕：在谈朋友时，我怎么没有发现你是这样的人，也不知道是哪块猪油蒙住了眼睛！事实上，只要我们站在对方的角度去考虑一下这个问题，就会明白对事不对人的好处。因为，当别人用对人不对事的态度来对待自己时，自己的感觉就是没法沟通。

然而，沟通首先是从人开始的。每天有无数的人在讲"对事不对人"，但实际上，相当多的人根本就不懂得"对事不对人"的真谛。什么叫"对事不对人"？每一件事情，它都不是客观存在的，每一件事情发生的背后都是人在进行选择的结果，它包含着人的偏好、喜爱、情绪。大学生写了一份策划书，交给老师，老师说"我对事不对人，咱们来谈谈这件事"，对沟通来说，这显然是不对的。因为，这份策划书里敲出的每一个字，每一句话，每一个决策，每一个想法，都与这个学生的选择、偏好、喜爱、经验、思维习惯息息相关。如果我们说，我们"对事不对人"，我觉得这份策划书有点乱，你不是在说策划书本身，你是在说写这份策划书的人，他是个思维混乱的人。所以，当我在谈策划书有点乱的时候，我是在谈你这个人，谈你的写作水平，谈你的写作能力。沟通"对人不对事"，指的是人在交往的时候，不能因为某一件事而责怪他人，要全面地去看待别人，全面地去认识别人，学会宽以待人。人是生活的直接与最终对象，接触的是人，服务的也是人，事情没人做不成，不认真做不成，不用心也做不成。沟通"对人不对事"本质上体现的是以人为本，它是现代人际交往的重要方式，在充分肯定人的重要地位的基础上，满足不同的个性需求。

2. 明确沟通

也就是说，我们每次沟通的主题要明确，最好是一个。关于主题的内容、资料齐全并有说服力。"提出问题—分析问题—解决问题"的思路与条理清晰。工作中我们经常听到上司这样去表扬下属："小王，你今年工作努力，成绩突出。希望你明年再接再厉，更加努力工作！"你听到上司这样对你说，感受是什么？我的工作还是没有得到上司的认可，表扬是套话。为什么？因为在这样一个简单的沟通中，传递的信息是两个：一个是肯定与表扬，一个是希望，而落脚点是希望。这时表扬根本没有起到作用，相反还起了副作用。我们在向领导提议或说服领导时，一定要做到主题明确，重点突出，资料准确，说服有力。选择恰当的时机提议，资料、信息和数据要极具说服力，质疑要有答案，简明扼要，重点突出，沟通中保持微笑、自信，不伤领导自尊。

3. 积极聆听

有人说：上帝给了我们两只耳朵，一个嘴巴，是让我们多听少说，但是其实听也有很多技巧与方法。当我们每个人是听众时，都只愿意听自己喜欢的内容；当我们是演讲者时，我们都希望每个人认真地听自己讲的每一句话，因为这是一种尊重与被尊重；但当我们作为一个聆听者在与领导进行沟通时，要专注聆听和设身处地聆听，不能听而不闻、假装聆听，在聆听的过程中时而东张西望，时而托着下巴身体前倾，这样领导一看，就知道你没有认真地听，是对他的不尊重，你再说什么，领导也不会同意。在沟通中听、说、问的运用，我们不能只强调聆听，在沟通的过程中也要懂得运用说与问。有一家著名的企业，在招聘时将考官融于应聘者中间，10人一组，讨论如何进行团队合作的问题。大家有的说，有的问，有的一直聆听一言不发，考官进行记录。结果是：光问的人出局，光说的人出局，光听的人出局。只有听、说、问搭配的人被聘用。因为只有边听、边说、边问的人在思考，才更容易与其他人进行良好的沟通与交流。

第四节　沟通漏斗理论

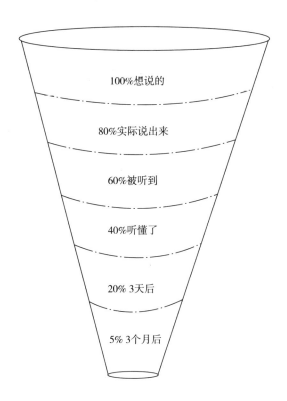

沟通漏斗，是指工作中团队沟通效率下降的一种现象。是指一个人通常只能说出心中所想的80%，但对方听到的最多只能是60%，听懂的却只有40%，结果执行时，只有20%了。你心中的想法也许很完美，但下属执行起来却差之千里，这是由"沟通的漏斗"造成的，有效克服这一"漏斗"现象，沟通交往的效率和质量会高很多。

沟通漏斗呈现的是一种由上至下逐渐减少的趋势，因为漏斗的特性就在于"漏"。对沟通者来说，是指如果一个人心里想的是100%的东西，当你在众人面前、在开会的场合用语言表达心里100%的东西时，这些东西已经漏掉20%了，你说出来的只剩下80%了。而当这80%的东西进入别人的耳朵时，由于文化水平、知识背景等关系，只"存活"了60%。实际上，真正被别人理解、消化了的东西大概只有40%。等到这些人遵照领悟的40%具体行动时，已经变成20%了。

在沟通中，你心里所想的100%，他人行动时却只有20%。我们心里要说的话，为什么会层层漏掉？

第一个漏掉的20%（你心里说的100%，你嘴上说的80%）原因：一是没有记住重点；二是不好意思讲或不便讲。

解决的办法：一是写下要点；二是请别人代讲。

第二个漏掉的20%（你嘴上说的80%，别人听到的60%）原因：一是你自己在讲话时有干扰；二是他人在听话时有干扰；三是听者没有笔记。

解决办法：一是避免干扰；二是听者做好笔记。

第三个漏掉的20%（别人听到的60%，别人听懂的40%）原因：不懂装懂。

解决办法：一是学会质问；二是询问对方有没有其他想法。

第四个漏掉的20%（别人听懂的40%，别人行动的20%）原因：一是没有办法；二是缺少监督。

解决办法：一是拿出具体办法；二是跟踪监督到位。

团队在解决沟通漏斗的问题上应认识到"沟通就是影响力"这个真理，对于有分歧的问题，及时地进行沟通，大事小事，及时进行讨论，如有必要，还可以通过会议的形式解决。员工在完成任务的过程中，及时向任务下达人进行回馈，如有偏离，及时纠正。团队每项工作都应有专人负责，对该工作有充分的认识。如遇问题，及时向有关人员进行沟通。除此之外，消除沟通屏障，及时向员工提供他们需要的信息，保质保量地完成每一项任务。

【故事】 黑人的愿望

一个黑人走进沙漠旅行,因为迷路又累又渴,这时他发现了一盏阿拉丁神灯,擦了擦,一个精灵便出现了,精灵说:它在神灯里已被关了几千年了,今天黑人救了它,它要报答他,它可以满足黑人的一个要求,而且这个要求可以同时满足三个条件。

黑人想了想,便说:第一,因为肤黑老受歧视,他要变成白色的;第二,在沙漠太干渴了,他要有一辈子都喝不完的水;第三,他要每天能看见女人的臀部。精灵想都没想,把黑人变成了一个白色的抽水马桶。

通过上面的故事我们可以明白:在与对方说话时,对方接收到的信息可能已经被过滤了80%,只能接受20%,即漏斗效应。如果你不能和别人很好地沟通,清楚地表明你的真实意思,很有可能会带来不必要的误会。特别是在面临人生道路的选择时,千万别把自己变成那个黑人,把你征询建议的对方变成精灵。

第五节 沟通视窗理论

1. 乔哈里沟通视窗

美国心理学家乔哈里从自我概念的角度对人际沟通进行了深入的研究,并根据:"自己知道—自己不知"和"他人知道—他人不知"这两个维度,依据人际沟通双方对沟通内容的熟悉程度,将人际沟通信息划分为四个区:开放区、盲目区、隐藏区和未知区,这个理论称为"乔哈里视窗"。

	我知	我不知
你知	Public 开放	Blind 盲目
你不知	Private 隐藏	Potential 未知

开放区:是自己知道、别人也知道的信息。例如,你的家庭情况、姓名、部分经历和爱好等。开放区具有相对性,有些事情对于某人来说是公开的信

息，而对于另一些人可能会是隐秘的事情。在实际工作中的人际交往中，共同的开放区越多，沟通起来也就越便利，越不易产生误会。

盲目区：是自己不知道、别人却可能知道的盲点。例如，性格上的弱点或者坏的习惯，你的某些处事方式，别人对你的一些感受，等等。社会上为什么有些地位和权势越高的人，越难听到关于自己的真话？就是因为围绕在这些人周围的往往是一些阿谀奉承的人和话，沟通单向而闭塞，一旦当事人没有博大、开放的胸怀容纳一些敢于对自己讲真话的朋友或善于直言的下属，他的盲目区就有可能越来越大。

隐藏区：是自己知道、别人却可能不知道的秘密。例如，你的某些经历、希望、心愿、阴谋、秘密以及好恶等。一个真诚的人也需要隐藏区，完全没有隐藏区的人是心智不成熟的。但在有效沟通中，适度地打开隐藏区，是增加沟通成功率的一条捷径。

未知区：是自己和别人都不知道的信息。例如，某人自己身上隐藏的疾病。未知区是尚待挖掘的黑洞，也许通过某些偶然或必然的机会，得到了别人较为深入的了解，自己对自我的认识也不断地深入，人的某些潜能就会得到较好的发挥。

2. 乔哈里沟通视窗的应用

乔哈里模型后来成为被广泛使用的管理模型，用来分析以及训练个人发展的自我意识，增强信息沟通、人际关系、团队发展、组织动力以及组织间关系。

在开放区的运用技巧：如果一个人的信息他知道，别人也知道，这会给人什么样的感觉呢？这是一个善于交往的人、非常随和的人。这样的人容易赢得我们的信任，容易和他进行合作性的沟通。要想使你的公开区变大，就要多说，多询问，询问别人对你的意见和反馈。

这从另一个侧面告诉我们，多说、多问不仅是一种沟通技巧，同时也能赢得别人的信任。如果想赢得别人的信任，就要多说，同时要多提问，寻求相互的了解和信任，因为信任是沟通的基础，有了基础，就不难建设高楼大厦。

在盲目区的运用技巧：如果一个人的盲区最大，会是一个什么样的人？这是一个不拘小节、夸夸其谈的人。他有很多不足之处，别人看得见，他却看不见。造成盲区太大的原因就是他说得太多，问得太少，他不去询问别人对他的反馈。所以在沟通中，你不仅要多说而且要多问，避免盲区过大的情况发生。

在隐藏区的运用技巧：如果一个人的隐藏区最大，那么关于他的信息，别人都不知道，只有他一个人知道。这是一个内心封闭的人或者说是个很神秘的人。这样的人我们对他的信任度是很低的。如果与这样的人沟通，那么合作的态度就会少一些。因为他很神秘、很封闭，往往会引起我们的防范心理。为什么造成他的隐藏区最大？是因为他问得多，说得少。他不擅长主动告诉别人。

在未知区的运用技巧：如果一个人的未知区大，就是关于他的信息，他和别人都不知道。这样的人，他不问别人对自己的了解，也不主动向别人介绍自己。封闭使他失去很多机会，能够胜任的工作可能就从身边悄悄溜走了。所以每一个人要尽可能缩小自己的未知区，主动地通过别人了解自己，主动地告诉别人自己能够做什么。

附1：沟通测试

测试目的：测试你对沟通视窗理论的了解与运用情况。

测试题：

在你的所有信息中，哪一个区域的信息占的比例最大？通过自我审视和向自己周围的人进行调查，对自己的4个区域进行推测，并制订一个自我改进计划。

附2：案例研讨

案例：某公司的管理比较松懈，公司开会时常常有人迟到。这一天公司召开管理例会，前面有两位与会者迟到了，主持人没有吭声，后来第三个迟到的人来了，主持人实在忍不住了，把他训了一通。第三个迟到的人后来了解到他并不是唯一迟到的人，对主持人很不满意，觉得主持人对他有偏见并在散会后找他当面说理。主持人说："我是对事不对人。"但这位员工说："为什么你只批评我，而对前面迟到的两个人屁都没放一个呢？"

试分析一下上面案例中主持人与员工在沟通过程中存在什么问题？如何改进？

第三章 沟通心态

有句话说："心态决定一切。"意在提醒人们无论做什么皆需要拥有良好的心态,否则,话难讲,事难成。每个人都拥有自己的喜怒哀乐,都有着别于他人的心理活动。沟通的目的是要让对方明白你的想法或是达成共识,能走进对方心里才是真正的沟通。与人沟通时如果忽视了这种心态因素,信马由缰地说,往往会出现"信任危机",最终使人生厌,甚至会影响工作。所以,我们不妨从"心态"开始。无论是生活也好,工作也好,都保持一个好的心态。工作中,我们很多时候需要和他人沟通,学会与人沟通,掌握沟通中的心态艺术,工作就做好了一半。

第一节 尊 重

平等是一切正常交往的基础,任何失去了平等为前提的情感关系都不可能获得正常的沟通方式和沟通效果。所以,我们必须真诚、尊重对方,真正把对方所说的话听进去,然后才能在互动的过程中恰当提出自己的见解。

尊重是一种礼貌,更是人们之间友谊的桥梁。一个懂得去尊重别人的人必定会得到信任,在生活中体现对人的尊重也算是一种艺术。人类是群体的动物,而沟通是人类不可缺的。每一个人所说的每一句话,都带有某种信息。不管是职场或是生活中的事,是喜悦抑或愤怒的表达,这一切都必须仰赖彼此的"沟通"。而要能有效沟通,就必须在尊重的辅助下,才能事半功倍。在人与人相处中,相互尊重是一个基础点,能否做好至关重要。

【故事】 苏东坡与佛印打禅

有一天苏东坡与佛印一起打禅。佛印问苏东坡:"你看我打禅像什么?"苏东坡想了一下,并没有回答,同时反问佛印:"那你看我打禅像什么?"佛印说:"你真像是一尊高贵的佛。"苏东坡听了这一番话,心中暗暗地高兴。于是佛印说:"换你说说你看我像什么?"苏东坡心里想气气佛印,便说:"我看你打禅像一堆牛粪。"佛印听完苏东坡的话淡淡地一笑。苏东坡高兴地回家找家里的小妹谈论起这件事，小妹听完后笑了出来。苏东坡好奇地问："有什么可笑的？"苏小妹斩钉截铁地告诉苏东坡："人家和尚心中有佛，所以看你如佛；而你心中有粪，所以看人如粪。当你骂别人的同时，也是在骂自己。"

这个饶有趣味的故事给我们的启示是：从批评者的言行能看出其眼界和见识。所以人的心里想些什么，就会说出什么样的话，这正好反映出一个人待人处事的风范和内涵。而骂人的同时也成为别人讨厌的对象，运用言语骂人的人，必定得不到对方的认同，也会失去别人的信任。一个良好的沟通应是建立在彼此尊重的角度，才能达到谈话的成果。

沟通就像在跳交际舞，必须要相互尊重。沟通的过程是基于相互尊重基础之上的收集正确的信息、给出好的信息和取得进展的过程。只尊重自己但不尊重别人会成为自大的人，没有人愿意与自大的人沟通。所以，对别人缺乏尊重会阻碍自己成为有效的沟通者。同样的，如果不尊重自己也会导致无效的沟通。如果我们自我评价很低，我们将不能说出自己的想法、目标、好恶。

所以，沟通过程中的尊重标准是指：我们要赢得别人的尊重，首先必须尊重自己；如果我们不尊重自己，没有人会尊重我们。其次，我们要尊重他人，要表现出对别人的尊重，同时赢得别人对自己的尊重。所以尊重是双向的。这就是相互尊重的真正含义，尊重他人也尊重自己，没有这一点，成功的沟通是不可能的。这也促使我们努力获得和给予好的信息。如果这些都做得好而彻底，取得进展就是水到渠成的事情了。

第二节　自　　信

胆小害羞的人往往因为胆怯而不敢与人沟通，结果仅限于很小的朋友圈子，变得越来越孤僻、退缩。胆小退缩的人很少与人沟通，并不是他们自恃清高，而是相反，他们往往认为自己是不可爱的，不受欢迎的，别人不愿与之沟通的。如果他们形成了这样消极的自我概念，即对自我的一种稳定的认识，那他们在行动上就会有意无意地表现得让人很难接近，很难沟通。当你认为自己是可爱的，被别人接受的时候，你就会表现得自信，而自信的人往往是可爱的、人们愿意与之沟通的，而沟通的人越多，就越会增加他们的自信，从而在别人面前就不那么胆怯退缩。

美国作家爱默生说过:"自信是成功的第一秘诀。"在与他人沟通时,你的自我感觉会在很大程度上影响着别人如何看待你。如果你心里都觉得自己"不行",那么你让对方如何对你赏识,如何与你继续沟通下去呢?所以说,培养一种自信的感觉是非常重要的,它会让你在与人沟通的过程中受益无穷。

一个人没有自信,从某种程度上说就是对自己不信任。那么,在沟通中,别人在意识上就会忽视你,这样是不利于与他人建立良好的、公平的人际关系的。一个人如果没有自信,那么这个人的言语的影响力就弱,所要表达的思想就不会被有效地传达,也不利于和他人进行有效的沟通。

一个人没有自信,那么他在别人心目中的分数就会大打折扣,因为大多数人还是喜欢和自信的人在一起。有自信的上司一定不喜欢唯唯诺诺的员工,因为这样的员工不能提供不同的想法。

所以,我们在日常的人际交往过程中,要有沟通成功的信心,不要总是被沟通会失败的心理所困扰。只有通过多与人沟通,才能增加与他人进行社会比较的机会,也才能发现自己的长处,从而有利于形成正确的自我认识与评价,增强自己的信心,克服自卑感。当然,自信不是盲目的,更不是表演出来的。自信首先是建立在自我认知之上的,所谓的自我认知,就是对自己有一个明确的、实事求是的看法和评价,包括自己的性格、能力、长处、短处、人生目标,等等。

成功学的创始人拿破仑·希尔说得好:有很多思路敏锐、天资高的人,却无法发挥他们的长处参与讨论。并不是他们不想参与,只是因为他们缺少信心。

许多沉默寡言、不肯开口的人都认为:"我的意见可能没有价值,如果说出来,别人可能会觉得很愚蠢,我最好什么也不说。而且,其他人可能都比我懂得多,我并不想让你们知道我是这么无知。"这些人常常会对自己许下很渺茫的诺言:"等下一次再发言。"可是他们很清楚自己是无法实现这个诺言的。每次这些沉默寡言的人不开口时,他就又中了一次缺少信心的毒素,他会愈来愈丧失自信。从积极的角度来看,如果尽量发言,就会增加信心,下次也更容易发言。所以,要多发言,这是信心的"维他命"。

不论是参加什么性质的活动,每次都要主动发言,也许是评论,也许是建议或提问题,都不要有例外。而且,不要最后才发言。要做破冰船,第一个打破沉默。也不要担心你会显得很愚蠢,不会的,因为总会有人同意你的见解。所以不要再对自己说:"我怀疑我是否敢说出来。"你一定能行的。

第三节 真 诚

"逢人只说三分话，莫要全抛一片心。"这是一句为人处世的俗语，说对人要"阴者勿交，傲者少言"。其实，这只是给自己围起了一道防线，生怕自己交错友。人与人之间无形之中多了层层保护层，人们也就感叹，人与人相处很难。却不知，是自己将自己先封闭起来了。如果人人都将自己封闭了，你又如何进入？

孟子云："欲见贤人而不以其道，犹欲其入而闭之门也。夫义，路也；礼，门也。"想见贤人而不按合适的方式，那就像要人进来却又把他关在门外。该用什么方式呢？"义""礼"也。孟子的这句话就是说为人要真诚待人，假如你以诚待人，别人也会以诚待你。

反过来也可以这样说：每个人都希望得到别人的真诚相待，要想别人真诚待你，你就应当首先主动真诚地去对待别人。你怎样待人，别人也会怎样待你。你与人为善、真诚待人，别人通常也会反过来如此待你。

不能否认，生活中有这样的人：虚伪、狡诈、阴险、小心眼，玩弄他人的真诚，戏弄他人的善良，算计他人的毫无防备，踩躏他人的真情实意，以怨报德、以恶报善。但是，这种人在生活中毕竟是极少数，当他们的嘴脸充分暴露后，必将被众人所指责和唾弃，并被群体厌恶和排斥。因此，当我们的善良和真诚被心怀叵测的人愚弄之后，吃亏更多、损失更大的并不是自己，而是对方。伤人的人在承受你愤恨的同时，还要承受他人的蔑视以及被群体排斥的孤独。

与人相处中付出的十分真诚得到了八九分的回馈，自然是情有所值、利大于弊。

有的人怕真诚待人吃亏上当，因此想让别人先主动真诚待己。你真诚待了我，我再真诚待你，这是被动为善的人际关系态度。如果人人都这样想，人人都不肯首先付出，那这个世界上还能找到真诚吗？很多人都觉得，积极主动地付出友善真诚仅仅是讲如何对待别人，其实准确地说，友善真诚地待人更重要的是指如何善待自己。你待人以善意，别人以善意相报，你待人以真诚，别人以真情回馈。这就是我们经常所说的"将心比心""以心换心"。

沟通从"心"开始，是中国移动的经典广告词。之所以经典，恐怕正是因为抓住了沟通中的重点：心。我们都太渴望真心真意。联邦快递中国区副总裁钟国仪曾经总结自己多年的经验："最需要做到的是：用你的心去感觉你的员工想要表达的心意。"

沟通能力的提升对于钟国仪来说是一个渐进的过程。刚工作时，钟国仪是"我讲你听"，后来是"多听少讲"，但是在对方讲话的时候，"我就在开始想我如何去反驳，我根本没有在听对方讲。"直到有一天，钟国仪明白了如何真正地倾听："我可以把自己放在对方的位置上，用心去听他的讲话；如果我还只是在平静地听时，我可能站在自己的立场上，而当我把自己放在对方的位置上时，就不同了。"这就是换位思考和真诚沟通。

大多数情况下，当你试图取悦他人，尤其是当你担心说真话或表达内心的真实感受会让人嫌弃时，伪善就会不期而至了。如果不是出自本意，请不要假装对某件事情表示关切，结果只能使他人希望你说出本不想说的话。记得要彬彬有礼，但不要妨碍你直抒胸臆。

无数事实证明，真正打动人心的话语并不在于说得多么流畅，多么滔滔不绝，而在于是否善于表达真诚。最能推销产品的人并不一定是口若悬河的人，而是善于表达真诚的人。如果你能够用得体的话语表达出你的真诚时，你就赢得了对方的信任，建立起人与人之间的信赖关系，对方也可能由信赖你的人进而喜欢你说的话，更进而喜欢你的产品。

同样的道理，在社交场合，说得最多的人并不一定是最受欢迎的人；背得很熟、讲得最顺畅的演讲并不一定就是好的演讲，如果缺少诚意，言之无物，谈话就失去了吸引力，变得跟一束没有生命力的绢花那样，非常美丽却不能鲜活动人，从而失去魅力。

第四节　互　　动

只有单方面发言的称为命令，那是以上对下、以主对仆的关系，那是一种单向的沟通。职场上的沟通，多数是双向的，甲提出了他的看法，乙也有发表他意见的空间。如果只有尊敬而彼此都互不了解，但这尊敬往往只是建立在容忍之上。感情若要长久，又岂能一味容忍？

我们在工作和生活中，常常热衷于单向沟通。在与别人沟通的过程中总是一方说而另一方听，这样的效果非常不好。换句话说，只有双向的才是真正意义上的沟通。因此，有效沟通的另一个重要前提是：双向互动。

宾夕法尼亚大学法律系教授艾德恩·凯迪博士，工作20年间，每学期在他上第一堂课的时候,总是先在黑板上写下两个数字:4和2。然后他问学生:"结果是多少?"许多学生都争相作答。有的说:"6。"他摇着头。有的说:"2。"他摇着头。最后有人得意地说:"我知道了,那是8。"他也没点头。学生一阵纳闷,凯迪博士才说:"你们根本还没问这是个什么题目?是加法、减法、乘法或除法?你们不了解问题,又怎么能说出真正的答案呢?"

我们常常如此,在还没弄清问题之前,就急忙下定义,做出似是而非的决定,这样又怎能得到正确无误的答案呢?在没有听清对方的话之前,就忙不迭地予以否定,这样的反驳怎么能够服人呢?喋喋不休、自说自话并非老人的专利,有许多人都不懂得说话的艺术。切记,应该是双向的,而非一方的自言自语。

有则笑话:一位老先生对儿子说:"我这50年没有跟你妈讲过一句话。"儿子诧异地说:"怎么可能?昨天我还亲耳听到妈在数落您的不是。"老先生说:"没错,这50年你妈每天唠唠叨叨的像个关不上的水龙头,她从来没发现我没对她说过一句话。"

如果你不想成为笑话中那个可怜的老妈,就记住两个词吧:双向、互动。

第五节 平　　等

美国加利福尼亚州立大学对企业内部沟通进行研究后得出了一个重要成果:沟通的位差效应。他们发现,来自领导层的信息只有20%~25%被下级知道并正确理解,而从下到上反馈的信息则不超过10%,平行交流的效率则可达到90%以上。进一步的研究发现,平行交流的效率之所以如此之高,是因为平行交流是一种以平等为基础的交流。

许多企业强调沟通,却往往忽视有效沟通渠道的建立。企业规模不大时,这种问题可能表现得不会很明显。但当企业发展到一定规模的时候必定会出现沟通上的问题,从而影响企业的发展。如果不能很好地解决这些问题,企业发展就会严重受挫。在企业中,信息的交流主要有3种:上传、下达、平行交流。前两种是非平等交流,后一种总体上是一种平等交流。要想提高沟通的有效性,就需要把平等的理念注入前两种交流形式中去。

一个企业要实现高速运转,要让企业充满生机和活力,有赖于下情能为上知,上意迅速下达,有赖于部门之间互通信息,同甘共苦,协同作战。要做到这一点,有效的沟通渠道是必需的。权威调查资料表明,在一个企业中,中级领导大约有60%的时间在与人沟通，高级领导则可达80%，沟通的有效性对领导力和企业发展的影响由此可见一斑。国内外事业有成的企业无不视沟通为管理的真谛。正如英特尔公司的前任CEO安迪·格鲁夫所言："领导公司成功的方法是沟通、沟通、再沟通。"打破上下级之间的等级壁垒，实现尽可能的平等交流，在沃尔玛，这一信条得到了完美的体现。

沃尔玛公司一再强调倾听基层员工意见的重要性，即使现在公司规模不断扩大也是如此。在公司内，沃尔玛实行门户开放政策，即任何时间、地点，任何员工都有机会发言，都可以口头或书面形式与管理人员乃至总裁进行沟通，提出自己的建议和关心的事情，包括投诉受到不公平的待遇。公司保证提供机会讨论员工们的意见，对于可行的建议，公司会积极采纳并用来管理公司。在沃尔玛公司，经常有一些各地的基层员工来到总部要求见董事长。董事长沃尔顿先生总是耐心地接待他们，并做到将他们要说的话听完。如果员工是正确的，他就会认真地解决有关的问题。他要求公司每一位经理人员认真贯彻公司的这一思想，而不要只做表面文章。沃尔玛重视对员工的精神鼓励，总部和各个商店的橱窗中，都悬挂着先进员工的照片。公司还对特别优秀的管理人员，授予"山姆·沃尔顿企业家"的称号。

在沃尔玛，任何一个员工佩戴的工牌上除了名字外，没有标明职务，包括最高总裁。公司内部没有上下级之分，见面就直呼其名，这种规定使员工们放下了包袱，分享到了平等分工的快乐，营造了一个上下平等的工作氛围。

沃尔顿还强调：员工是"合伙人"。沃尔玛公司拥有全美最大的股东大会，每次开会，沃尔玛都要求有尽可能多的部门经理和员工参加，让他们看到公司的全貌，了解公司的理念、制度、成绩和问题，做到心中有数。每次股东大会结束后，沃尔顿都会邀请所有出席大会的员工约2 500人到自己家里来举办野餐会。在野餐会上，沃尔顿与众多不同层次的员工聊天，大家畅所欲言，交流对工作的看法，提出对公司的建议，讨论公司的现状和未来。每次股东大会结束后，被邀请的员工和没有参加的员工都会看到会议的录像，而且公司的刊物《沃尔玛世界》也会对股东大会的情况进行详细的报道，让每个员工都能了解到大会的每一个细节，做到对公司切实全面的了解。沃尔顿说："我想通过这样的方式使我们团结得更紧密，使大家亲如一家，并为共同的目标而奋斗！"

正是这种视员工为合伙人的平等精神，造就了沃尔玛员工对公司的强烈认同和主人翁精神。在同行业中，沃尔玛的工资不是最高的，但他的员工却以在沃尔玛工作为快乐,因为他们在沃尔玛是合伙人。

平等的沟通渠道为沃尔玛带来了巨大的财富,同时给我们以无尽的启示:有平等才有交流,有平等才有忠诚,有平等才有效率,有平等才有竞争力。

在联想,杨元庆每天早上站在公司的大门口,每个进门的员工都会对他道一声:"元庆,你早!"为什么呢?因为,联想要打破内部可能存在的任何官僚机制,它不希望自己变成一个官僚机构,它要大家尽可能地平等、亲近。

不管怎样,我们一定记住一句话:有效沟通的前提是平等,要把自己放在和对方平等的位置上。

第六节 宽 容

没有一颗宽容的心,不能接受刺耳的话,谈何沟通呢?沟通是必需的生活技能之一。良好的沟通需要宽容的心做桥梁,宽容需要沟通来体现,不同的心态,沟通就会产生不同的结果。所以,开口说话之前,我们既要谨慎小心,努力让对方听得进去。另一方面,也要用心聆听对方所说的道理,不要过于在意对方怎么说。

不过话又说回来,可能我们都会拒绝接受别人不恰当的批评方式及言语,也会有马上自圆其说的念头和反唇相讥的冲动,在这种情况下无论如何你都要克制,因为反击的表现就是你不接受别人的批评,尽管你也许是无心之失。经常对别人的批评进行直接反驳,你的信誉度会直线下降,使别人认为你固执己见。对待来自他人的批评,最重要的是断定他人的批评是否对你有价值,不一定所有的批评你都要接受。如果是出于成见的批评、无关紧要的批评、恶意的批评,你根本不用在意;如果是善意的批评、有价值的批评,接受下来又何乐而不为呢?

如果别人对你的批评是善意的,有参考价值的,你就应该承认,并考虑接纳他的意见,而且要表示出感谢。同时尽可能地按照他的意见进行改正,和他一起找到解决问题的方法,表明你改正错误的决心和勇气。

如果批评的事情确实不是你的原因造成的,你一定非常生气,你一定觉得受了很大的委屈。尽管你心里很不平衡,你还是要耐心地听对方把话说完,假若你没有耐心地把话听完,中途打岔,申诉你的理由,你多半会被认为是狡辩,不虚心接受他人意见,他对你的行为会非常不满,这样你只会使双方的冲突更加剧烈,而且从此你的形象大打折扣。因为往往人们都不能接受别人对自己不认可,对自己意见不重视,有时即使对方是对的。

你认为自己真的没有必要接受批评,可以表示出遗憾的态度,但这和认错不一样,因为这只是一种礼貌,却能显示出你的修养和体谅别人的风度。认真听完他的批评之后,再提出你的理由、解释你的行为、证明你的看法,最后的结果可能是不成功的,如果对方仍然不肯原谅你的行为,你也没必要为此太伤神,因为时间可以证明一切、努力可以改变一切。

听到不顺耳的话时,你应该这样想:没有人会对自己不在乎的人提出忠告,最刺耳的话往往是最为你着想而且诚实的话,因为他是为我好。良药苦口可以治病,忠言逆耳可以减少犯错误的机会。另外,有时一个人说出的话,其中的言词,和他们本身的文化素养有关,不是所有的人都会说出好听的话,既能让我们理解、受用,又能让我们发自内心地接受。这时候,你更需要宽容。

当别人提高声音时,你千万不要试图也提高声音,这样的沟通,将会很容易改变原本沟通的那种性质。保持心平气和,才能降低对方欲要燃烧的内火。道理学了一箩筐、看了很多的书,但是很多时候当正如书上所讲的事发生在自己身边时,我们却总是不能改变自己一贯的坏脾气,任由自己不经过思考意气用事。任何一句话,认真去听,都可能听出些道理,不可能毫无价值。但是,我们常常不在乎这些道理,却斤斤计较于对方表达时的态度和语气。换句话说,我们不认真听对方在讲什么,却十分介意对方是怎么讲的。事实上,越有道理,越容易引起听者的反感,所谓忠言逆耳。只要双方都认真地听,那么沟通起来就会顺畅得多。

附1:沟通测试

测试题:
为什么说保持良好的心态是取得沟通成功的前提?你将如何做?

附2:案例研讨

案例:一天,一个三口之家中,爸爸正忙着赶写一个方案,此时,4岁的小儿子手中拿个风筝赶过来说道:"爸爸,风筝坏了,帮我修一下吧!"爸爸就头也不抬地说道:"去,找你妈妈,我正忙呢。"在这位爸爸的观念里,修风筝只是一件再小不过的事情，不能因为这件事耽误了写方案这样重要的事情。如果这样的事情连续发生几次以后，可想而知，这对父子的亲情就会越来越淡。因为在孩子的世界里，把那个风筝修好可能就是对他最重要的事情，却被爸爸粗暴地拒绝了。经常如此，对儿子幼小的心灵就会造成伤害，以后再有什么事情他就不会去找爸爸解决了，有什么想法也不会去找爸爸沟通了，父子关系也就慢慢疏远了。

阅读本案例，分析这个家庭中父亲与小儿子沟通失败的原因，应该如何改进？

第 二 篇

第四章　恰当表达

　　职场中的沟通具有其特殊性，与朋友之间的闲聊不同。朋友间的闲聊，只要是高兴开心即可，而职场中的沟通皆有其目的性。在追求效能与效益的前提下，沟通质量的高低代表着个人及团队的素质。

　　沟通的目的不外乎是告知信息、让他人接受某种理念，或者要求别人采取某项行动。现代职场工作节奏加快，人们的压力增加，有时沟通者需要营造轻松愉快的氛围，让听者觉得轻松有趣，传达的信息也比较容易为聆听者所接受。但是现实当中，大部分人在沟通中对自己想要达到的目的不太清晰，对有关信息未做系统整理，言辞带有随意性，凭着自己的直觉和感觉去交流信息，以至于无法达到应有的沟通效果。由此看来为了实现沟通的目的，恰当的表达十分重要。如何才能做到恰当表达呢？

第一节　如何做到恰当表达

一、了解沟通对象

1. 看对方的性格和性别

　　对方性格外向，透明度高，你就可以随便一些，开开玩笑，斗斗嘴，他会很自然地接受；如果对方性格内向、敏感，你可以讲一讲合适的笑话，让他开朗一些，最重要的是表现真诚，可以挖掘对方比较有兴趣、隐藏在内心深处的话题，让对方觉得你是在真正地关心他。

　　性格外向、个性鲜明的女孩，男孩子气十足，你若跟她谈化妆、美容，她也许会毫无兴趣，如果谈足球、谈姚明，她可能会兴致勃勃。针对不同的性格，你应该学会说不同的话。同样说人胖，男性会一笑置之，而女性则可能把脸拉下来，自尊心受到伤害，这就是性别带来的差异。所以，同样的话对男人和女人的作用是不一样的。说话时，我们就要注意到这种差异，对不同性别的人说不同的话。

有位大学中文系毕业的高才生，在人才招聘会上，想谋得某公司经理办公室秘书一职，年轻人在经理面前做自我推销时说话拐弯抹角，半天不切入主题。他先说："经理，听说你们公司的环境相当不错。"经理点了点头。接着，高才生又说："现在高学历的人才是越来越多了。"经理还是点了点头，什么也没说。而后，高才生又说："经理，秘书一般要大学毕业，要比较能写吧？"高才生的话兜了一个大大的圈子，还是未能道出自己的本意。岂料，这位经理是个急性子，他喜欢别人与他一样，说话办事干脆利落。正因为高才生未能摸透经理的性格，结果话未说完，经理便托词离去，高才生的求职也就化成了泡影。

2. 看对方的职业身份

俗话说"秀才遇见兵，有理说不清"。如果你对普通的工人、农民摆出知识分子的架子，满口之乎者也，肯定让对方满头雾水，更别说会被接受了。要是遇见文化修养较高的人，也不能开口就满嘴江湖气，容易引起反感，更无法获得交往的信任和好感。

全国人口普查时，一个青年普查员向一位70多岁的老太太询问："有配偶吗？"老人愣了半天，然后反问："什么配偶？"普查员解释："就是你丈夫。"老太太这才明白。这位普查员说话不看对象，难怪会闹笑话。所以，要想收到理想的表达效果，就应当看对象的身份说话，对什么人，说什么话。如果不看身份说话，人们听起来就会觉得别扭，甚至产生反感，那势必要影响交际效果。

3. 看对方的兴趣爱好

比如，和有小孩的女性说话，可以说说孩子教育和柴米油盐酱醋茶；和公司职员说话，可以说说经济、环境等问题……说得不深入没关系，只要你开口了，他们便会不由自主地告诉你很多关于他们自己和工作上的事情。如果你还善于引导，他们恐怕连心事都要掏出来了。

有个青年想向一位老中医求教针灸技巧，为了博得老中医的欢心，他在登门求教之前做了认真细致的调查了解。他了解到老中医平时爱好书法，遂浏览了一些书法方面的书籍。起初，老中医对他态度冷淡，但当青年人发现老中医案几上放着书写好的字幅时，便拿起字幅边欣赏边说："老先生这幅墨宝写得雄劲挺拔，真是好书法啊！"对老中医的书法予以赞赏，促使老中医升腾起愉悦感和自豪感。随后，青年人又说："老先生，您这写的是唐代颜真卿所创的颜体吧?"这样,就进一步激发了老中医的谈话兴趣。果然,老中医的态度转变了,话也多了起来。接着,青年人对所谈话题着意挖掘、环环相扣,令老中医精神大振,谈锋甚健。终于,老中医欣然收下了这个"懂书法"的弟子。

4. 看对方的心理需求

不同的人、不同的时期会有不同的心理需求。老年人喜欢别人说他年轻,而小孩就不喜欢大人总是说他太小,中年人喜欢别人说他事业有成、家庭美满,而年轻人就喜欢别人说他有闯劲、有活力,前程无量,不同年龄层次的人喜欢不同的话题。

如果你懂得一点心理学,就很容易把话说到人的心窝里。最重要的是表现你的真诚,可以挖掘对方比较在意、隐藏在内心深处的话题,让对方觉得你是在真心地与他沟通。

总之,明确沟通对象,了解接收信息者的思维方式、行事风格、工作经验、知识结构和沟通意愿,就容易在沟通中实现沟通目的。正所谓,到什么山上唱什么歌,见什么人说什么话。

【故事】 一位专业摄影师到边远的山村采风,找来一对老山民夫妇照相。选好背景后,摄影师问:"大爷大娘,您二老是照逆光、侧光、还是全光?"老大娘顿时脸红了,老大爷嘿嘿一笑,说:"我倒无所谓,总得给你大娘留条裤衩吧。"随行的人几乎笑倒。

故事告诉我们,如果信息没有充分传达,信息传递的不对称性非常容易引起误解。因此,沟通时,一定要确保发出的信息准确而又完整。首先,案例中双方所使用的不是同一种语言,即原始的语言码有差异,因而造成了双方的理解"驴唇不对马嘴"。摄影师的"全光"是讲照相中的用光方法,而山民老大爷则以为是脱光衣服,两者大相径庭。其次,语言的组合与表达方式有问题,单一的语言码对方可能懂得,但是掺杂进其他的陌生语言组合中,对方可能就完全没有办法听懂。笑话中的"侧光、逆光",恐怕老山民就更加窘迫,不知该脱上衣还是脱下衣啦。再次,汉语的一词多义也常常造成理解的偏差。

二、条理清晰地说

口头表达中常见的问题:

(1) 层次不清,没有条理。

（2）逻辑混乱，观点不明。

（3）词不达意，啰唆重复。

方法建议：

（1）开口前，先把话想好，将要表达的内容浓缩成几个要点（或关键词）。

（2）"三段论"法，即引语、主体和小结。

（3）Why/What/How 法，即阐明为什么、做什么和怎么做。

【案例】 麦肯锡公司"30 秒电梯理论"与宝洁公司"一页纸备忘录"

麦肯锡是全球最大的管理咨询公司，其"30 秒电梯理论"来源于公司一次沉痛的教训。该公司曾经为一家重要的大客户做咨询。咨询结束的时候，麦肯锡的项目负责人在电梯间里遇见了对方的董事长，该董事长问麦肯锡的项目负责人："你能不能说一下现在的结果呢？"由于该项目负责人没有准备，而且即使有准备，也无法在电梯从 30 层到 1 层的 30 秒钟内把结果说清楚。最终，麦肯锡失去了这一重要客户。

麦肯锡公司吸取这次深刻教训，要求公司员工凡事要在最短的时间内把结果表达清楚，凡事要直奔主题、结果。麦肯锡认为，一般情况下人们最多记得住一二三，记不住四五六，所以凡事要归纳在三条以内。这就是如今在商界流传甚广的"30 秒钟电梯理论"或称"电梯演讲"。

宝洁公司也规定备忘录的长度为一页纸之内，在公司随处可见一条标语："一页纸备忘录"，要求员工不遗余力地将报告的精华浓缩到一页纸上，以尽可能简洁的语言来描述。

【案例】 IBM 公司会议禁用语

基本上：如"基本上结束了"，"基本上可行"。

大致：如"大致结束了"，"大致有希望"。

几乎：如"几乎没有问题"，"几乎是按计划完成的"。

或许：如"或许能行"，"或许会成功的"。

觉得：如"觉得能行"，"觉得不合理"。

其他：如"在一定程度上完成了"，"相当耗费时间"，"将尽快完成"，"似乎合适"，"将努力工作"，"将尽快予以实施"，"在某种程度上说怎样怎样"。

三、讲究艺术地说

常言说,"一句话说得人笑,一句话说得人跳"。其实关键就看你能不能把话说得巧妙些、艺术些,也就是能够说出最善体人意或最贴切的话。要达到巧妙艺术的境界,就必须对周围的人事十分敏感,并掌握说话的技巧,随时都能果断地陈述自己的意见,让对方乐于接受,能够引起对方的共鸣,进而引发共同的行为。现实生活中,很多人的性格是心直口快,没有城府,从不拐弯抹角。有时候这样的人会很受欢迎,因为人们觉得他率直,交往起来很轻松,可是有时候这样的人却很让人头疼,因为他总是无意中伤害别人,常常把人弄得下不来台自己却毫无觉察。你怪他吧,他是无意,你不怪他吧,他又经常搞得你下不了台。所以,管理大师德鲁克认为:说话,不仅在于你说什么,更在于你是怎样说的。

《论语·雍也》中也有一句话:"质胜文则野,文胜质则史,文质彬彬,然后君子。"意思是说:"质朴胜过了文饰就会粗野,文饰胜过了质朴就会虚浮,质朴和文饰比例恰当,然后才可以成为君子。"这段话告诉我们:为人过于直率,说话过于耿直,就显得粗俗野蛮。

说话要学会赞美、学会幽默、注意避讳、掌握分寸。

说话要学会赞美。人,都需要赞美,就像需要水和空气一样,是人们心理和生理的双重需要。无论是咿呀学语的孩子,还是白发苍苍的老人,每个人都有接受赞美的心理需求,没有人会因为别人恰如其分的赞美而"恼羞成怒",因为,人任何时候都有一种被人肯定、被人赞美的欲望。所以说,喜欢被别人赞美是人的本质。赞美之于人心,犹如阳光之于万物。既然赞美如此重要,我们应该学会去赞美别人。比如,对方的衣着打扮、气质身材、特长、取得的成绩,等等,都可以是你赞美的话题。

卡耐基有句名言:"关于沟通,除了词汇之外,最重要的就是'趣味'!"幽默的作用可见一斑。生活中离不开幽默,是幽默令生活更多姿多彩,使人轻松愉快,增添生活情趣。

在人际交往中,机智风趣、谈吐幽默的人往往拥有更多的朋友。我们谁都不愿同动辄与人争吵,或者郁郁寡欢、言语乏味的人交往。幽默可以说是一种润滑剂,它使烦恼变为欢畅,使痛苦变成愉快,将尴尬转为融洽,让你牢牢地吸引对方。幽默是以轻松的语言,来表达某些严肃的概念,是活跃社交场合气氛的最佳"调料"。幽默是一种人生的智慧,体现着乐观积极的处世方式和豁达的人生态度。会说话的人一般都懂得使用幽默的语言，在任何场合，拥有良好幽默口才的人总是赢得别人的好感，获得众多的支持和理解。在一个庆功会上，一位将军和士兵开怀畅饮，由于紧张，士兵开启香槟的时候，把酒喷到了将军的秃头上，士兵当时吓坏了，可是将军擦了一把头上的酒，笑着说："谢谢你小伙子，你的香槟酒也许是治疗秃顶的良药，明天我就满头乌发了。"

1965年7月，李宗仁先生回到祖国，毛泽东在中南海接见他。李宗仁一进门，毛泽东热情地迎上来，同他及其夫人郭德洁女士握手，说："你们回来了，很好，欢迎你们。"大家刚刚坐定，毛泽东幽默地对李宗仁先生说："德邻先生，你这一次归国，是误上贼船了。台湾口口声声叫我们作'匪'，还叫祖国大陆作'匪区'，你不是误上贼船是什么呢？"陪同李宗仁来的程思远先生忙替李宗仁先生回答道："我们搭上这一条船，已登彼岸。"大家听了，都哈哈大笑起来。

毛泽东的这一幽默，使气氛马上活跃起来，免去了刚刚见面的尴尬。毛泽东的幽默语言既是对李宗仁选择的光明道路的肯定和赞赏，也是对中国共产党领导革命的胜利和社会主义建设的伟大成就的自豪。毛泽东的这一幽默，更加深了李宗仁对毛泽东的钦佩和尊敬之情。

所谓分寸，就是说话或做事应掌握的尺度、界限。不是任何人、任何事都是可以公开谈论的，也不是什么玩笑都可以开的，更不能想说多少就说多少、想怎么说就怎么说。为了和谐的人际关系，我们必须要懂得适可而止。要让说话不失分寸，除了注意提高自己的文化素养和思想修养外，还必须时刻提醒自己认清状况勤于思考，与人为善诚恳客观，这样才能避免出大错。

【故事】 寇准的悲剧

北宋时期的寇准，是我们所熟悉、尊敬的一位好官。处理国家大事，他游刃有余，但是与性格不合、政见不同的同事相处，他却吃尽了说话过于直爽的苦头。最典型的是《资治通鉴》记载的对待中书令丁谓的故事。

丁谓任中书官职时，对寇准非常恭敬。一次会餐，寇准不小心胡子沾了汤汁，丁谓站起来慢慢替他擦干净。寇准讽刺说，你身为国家大臣，就是替领导擦胡须的吗？丁谓自此记恨寇准。寇准的话看上去是玩笑，但实际上却是一种过于直爽的讽刺挖苦。官场中下级拍上级马屁本是平常事，但是如果上级当众不领情，甚至讽刺挖苦，下级便觉得扫面子。从此，丁谓全力诋毁寇准，并且和同样受过寇准谩骂、讽刺、挖苦的大臣结成同盟，共同对付他，经常在皇帝面前说寇准的坏话。最后连皇帝也不相信寇准了,寇准政治生命也随之结束,一而再,再而三被流放,直至客死雷州。

寇准的悲剧,很大的根源就是没有管好自己的嘴,说话太直,不懂得说话的艺术。

四、带有表情地说

研究表明,人的全部信息表达 = 7%语言 + 38%语气 + 55%体态语。从上面这个公式看到,文字语言沟通效果所占有的比例还不足10%,可见,我们通过传真、书信、短信、网络聊天、电子邮件等方式沟通是非常具有局限性的。

现代管理之父彼得·德鲁克说,人无法靠一句话来沟通,总是得靠整个人来沟通。因此,要注重非语言信息的表达,如眼神、声调、面部表情、身体姿势、手势等。比如,在沟通时,用友好的眼神诚恳而又坚定地看着对方,面带微笑,声音亲和,并辅以大方、自信的手势帮助沟通的进行。倾听时身体前倾,以表示诚恳和专注。所以在日常沟通交流中,建议能当面沟通的,就不要打电话;能打电话的,就不发短信、发邮件、网络聊天;必须发邮件的,要尽量辅以电话的方式进行进一步沟通。

五、把握场合时机说

孔子在《论语·季氏》中说:"言未及之而言谓之躁,言及之而不言谓之隐。"这句话意思是说:一是不该说话的时候说了,叫作急躁,二是应该说话的时候却不说,叫作隐瞒。这两种情况都是没有把握说话的时机。因为说话是双方的交流,不是一个人的单方面行为,它要受到诸如说话对象、设定时间、周边环境等种种限制,所以说话要把握时机。如果该说的时候不说,时境转瞬即逝,便失去了成功的机会。同样地,如不顾说话对象的心态,不注意周边的环境气氛,不到说话的火候却急于抢着说,很可能引起对方的误解,甚至反感。古希腊有一句民谚说得好:"聪明的人,借助经验说话;而更聪明的人,根据经验不说话。"

把握说话时机非常重要,这个过程需要充分的耐心,也需要积极进行准备,等待条件成熟,但绝不是坐视不动。如选择在他人心情愉快时交流,就容易顺利沟通。营销人员与客户沟通,何时约见、何时发出邀请函、何时发催款函都有讲究。

什么话该说、什么话不该说与场合也有关。如果都是自己熟悉的朋友，那么说话就可以推心置腹，天南海北，无所不谈，甚至一些放肆的话出来也无伤大雅；但是如果在场的都是交往不深的人，就要收着点自己，不可肆意妄为，更不要不分对象乱套近乎。如果在比较随便的场合，我们可以说诸如"我顺便来看看你"这样的话，可是如果在比较庄重的场合说"我顺便来看看你"，就显得不够诚恳。

话该说多还是说少，得有讲究。对方如果很忙，时间很紧张，跟他说话就要简明扼要；如果不知趣，没眼色，自顾自地海阔天空，别人已经在频频看表了，你还意犹未尽，就让人尴尬了；如果在一些发表看法和见解的场合，你却惜字如金，半天不说一句话，或者只是草草讲几句就了事，也难免让人觉得索然无趣。所以，要根据不同的场合来控制自己说话的长短。

【故事】 杨虎城劝说张学良

西安事变前夕，张学良的实力比杨虎城大得多，且又是蒋的拜把子兄弟。张学良和杨虎城都有心对蒋发难，但杨虎城担心把自己的观点摆在张学良的面前，而张又不赞同，后果实在堪忧。眼看时间越来越近，杨虎城选择了一个很好的场合，利用手下一名叫王炳南的共产党员与张学良认识的机会，在一次与张学良的晤面中，便对张学良说道："王炳南是个激进分子，他主张扣留蒋介石！"张学良及时接口道："我看这也不失为一个办法。"于是两个聪明的将军开始商谈行动计划。杨虎城与张学良沟通，很好地注意了场合，把握了时机，最终促成了一段光辉历史。

第二节 说话的艺术

1. 急事，慢慢地说

遇到急事，如果能沉下心来思考，然后不急不躁地把事情说清楚，会给听者留下稳重、不冲动的印象，从而增加他人对你的信任度。

2. 小事，幽默地说

尤其是一些善意的提醒，用句玩笑话讲出来，就不会让听者感觉生硬，他们不但会欣然接受你的提醒，还会增强彼此的亲密感。

3. 没把握的事，谨慎地说

对那些自己没有把握的事情，如果你不说，别人会觉得你虚伪；如果你能措辞严谨地说出来，会让人感到你是个值得信任的人。

4. 没发生的事，不要胡说

人们最讨厌无事生非的人，如果你从来不随便臆测或胡说没有的事，会让人觉得你为人成熟、有修养，是个做事认真、有责任感的人。

5. 做不到的事，别乱说

俗话说"没有金刚钻，别揽瓷器活"。不轻易承诺自己做不到的事，会让听者觉得你是一个"言必信，行必果"的人，愿意相信你。

6. 伤害人的事，不能说

不轻易用言语伤害别人，尤其在较为亲近的人之间，不说伤害人的话。这会让他们觉得你是个善良的人，有助于维系和增进感情。

7. 伤心的事，不要见人就说

人在伤心时，都有倾诉的欲望，但如果见人就说，很容易使听者心理压力过大，对你产生怀疑和疏远。同时，你还会给人留下不为他人着想，想把痛苦转嫁给他人的印象。

8. 别人的事，小心地说

人与人之间都需要安全距离，不轻易评论和传播别人的事，会给人交往的安全感。

9. 自己的事，听别人怎么说

自己的事情要多听听局外人的看法，一则可以给人以谦虚的印象，二则会让人觉得你是个明事理的人。

10. 尊长的事，多听少说

年长的人往往不喜欢年轻人对自己的事发表太多的评论，如果年轻人说得过多，他们就觉得你不是一个尊敬长辈、谦虚好学的人。

11. 夫妻的事，商量着说

夫妻之间，最怕的就是遇到事情相互指责，而相互商量会产生"共情"的效果，能增强夫妻感情。

12. 孩子们的事，开导着说

尤其是青春期的孩子，非常叛逆，采用温和又坚定的态度进行开导，可以既让孩子对你有好感，愿意和你成为朋友，又能起到说服的作用。

【案例】 触龙说赵太后

战国时期，秦国趁赵国政权交替之机，大举进攻赵国。赵国形势危急，向齐国求援。齐国一定要赵太后的小儿子长安君为人质，才肯出兵。赵太后溺爱长安君，执意不肯，致使国家危机日深。面对着盛气凌人的赵太后，如果触龙开口便谈让长安君为人质的事，很可能落入太后唾其面、赶出门的尴尬境地，不可能达到劝谏的目的。触龙的谏说"神不知鬼不觉"，步步诱导，不露痕迹。他先用"缓冲法"，从给太后请安、问候太后饮食行止，絮絮叨叨地讲述自己调养弱体、增进饮食的经验，这就使太后生出错觉，以为触龙是来探望、安慰她的，所以"太后之色少解"，戒备稍有解除，这样触龙谏说的第一道障碍，被巧妙地克服了。然后，触龙用"引诱法"，抓住赵太后爱子的心理，先从自己爱怜少子，想为自己的儿子谋份差事扯入，以引起太后的兴趣。从而使太后由"盛气而揖之"到"色稍解"，既而"笑曰"，和谐的谈话气氛形成了，触龙陈述意见的条件也就成熟了。

触龙是在努力制造出这种和谐的谈话气氛。人在生气的时候，是最不理智的，不但难于听取他人的意见，而且很可能把对方当作发泄的对象。老到、精明的触龙早就认识到了这一点，这巧妙劝谏的好处，不仅没有惹怒太后，反而谏说成功，名垂千史。触龙劝谏赵太后是由知心到交心，再由交心到动心，最后达成同心的一个逐步的攻心过程。知心是指对人的全面了解，包括他的品德、个性以及在特定处境中的心理需求和心理排斥；交心就是缩短心理距离，尽可能让对方容易接受而不抵触，这时候少不了真诚的恰到好处的人性关怀；动心是心与心的共鸣点的重合。

13. 用隐喻、反问说

世界上最厉害的三位沟通大师：释迦牟尼、孔子、苏格拉底，这三位人哲人，他们每个人几乎拥有几亿甚至十几亿的粉丝，他们是如何通过沟通说服人们去相信他的呢？当弟子们给他们提出一个问题的时候，这些沟通大师一般不会直接给一个明确答案，也不会讲一堆大道理，而是通过诘问的方式或隐喻的方式给你提一个相似的问题，让你自己去领悟。当你听完这个故事或回答完这个问题的时候，你自己就基本明白了其中的道理，这个就是沟通大师们想要给你的答案。

比如，一天，释迦牟尼说法后，有个弟子问他"不知者无罪"是不是真的。释迦牟尼没有直接回答，而是做了一个比喻："现在有一把火钳，它被烧的火烫，但肉眼却看不出来。如果你去拿这把火钳，是知道它烧得火烫受害严重，还是不知道它烧的火烫受害严重？"弟子想了想回答："应该是不知道它被烧得火烫受害严重。因为不知道才没有一点准备，被烫的时候就来不及采取防范措施。"

释迦牟尼和蔼地说道："是啊！如果知道火钳烧得火烫而去拿，就会心惊胆战深怀戒心,不敢丝毫大意,拿的时候不会用力去抓。可见,并不是'不知者无罪',而是不知者受害最大。人们就是因为不明真理,所以才会在苦浪里翻腾沉沦。"可见,佛祖用隐喻来讲明一个道理,让沟通者自己明白,心领神会。

除了佛祖外,一些哲人,中国诸子百家,孔子跟他的弟子说话,庄子跟惠子说话都是这种形式。

历史上苏格拉底是以层层反问出名。有一次,弟子欧提德谟斯问:"请问苏格拉底先生,什么是善行?"苏格拉底没有直接回答,而是反问他一个问题:"盗窃、欺骗、把人当奴隶贩卖是善是恶?"弟子说:"当然是恶。"苏格拉底说:"欺骗敌人是恶行吗?"弟子一听说:"这个也不全是恶的,也可能是善的。"所以,通过层层诘问,让我们自己明白一种行为,不能光从善或恶方面去判断,人的这个动机很重要,它阐释了人的行为由思想决定,思想是人的本质。

14. 讲故事去说

这个世界最困难的事情就是把自己的思想放进别人的脑袋里。在沟通中,让对方同意你的观点,并且用行动支持你,其实是一件非常困难的事情。我们一直以为沟通就是竭尽全力地说服对方,最好的办法就是摆事实讲道理,以理服人,并认为对方听懂了道理就会行动起来,可是最后发现,一点用都没有。讲道理之所以对沟通没有用就是因为道理只能带来"知道""明白""说不过你",一个人只懂得了道理并不能改变一个人的行为。就像许多人知道吸烟对健康有害,他们依然吸烟;也知道读书可以改变命运,可是依然有很少的人能坚持下来。我们可以换一种方法,改用讲故事。

故事可以驱动人的行为。认知科学家马克·特纳曾说过:"故事是人类最基本的思维方式,是理想思维和理解事物的基础。"我们大部分的经历、知识和思想都是由一个个故事组成,人类整个发展史就是一个个故事汇集而成的历史。可以说,故事是沟通中最具说服力的工具。在日常学习中,我们往往对课堂知识、理论会忘记很快,但一个个故事,我们会牢记于心。曾经有人对成功的演说家演说词作了分析,发现他们用在讲故事的时间竟然占了65%。讲故事对沟通如此有效,就是因为故事能将枯燥的信息进行情感化的包装,对人产生强烈的冲击,给人带来情绪和行为上的改变。犹太人有一个很形象的比喻:当真理赤裸着身体来到人间,所有人都怕他,后来有一个"智慧"的老人把他请回家,给他做了一件"寓言"的外衣,当他再一次出去的时候,所有人都喜欢他。可见，讲故事对我们的人际沟通是多么的重要。

附1：沟通测试

测试目的：测试一下你的表达交谈能力。

评分标准：选A记3分；选B记2分；选C记1分。

测试题：

1. 你是否时常避免表达自己的真实感受，因为你认为别人根本不会理解你？

  A. 肯定 B. 有时 C. 否定

2. 你是否觉得需要自己的时间、空间，一个人静静地独处才能保持头脑清醒？

  A. 肯定 B. 有时 C. 否定

3. 与一大群人或朋友在一起时，你是否时常感到孤寂或失落？

  A. 肯定 B. 有时 C. 否定

4. 当一些你与之交往不深的人对你倾诉他的生平遭遇以求同情时，你是否会觉得厌烦甚至直接表现出这种情绪？

  A. 肯定 B. 有时 C. 否定

5. 当有人与你交谈或对你讲解一些事情时，你是否时常觉得百无聊赖，很难聚精会神地听下去？

  A. 肯定 B. 有时 C. 否定

6. 你是否只会对那些相处长久，认为绝对可靠的朋友才吐露自己的心事与秘密？

  A. 肯定 B. 有时 C. 否定

7. 与一群人交谈时，你是否经常发现自己驾驭不住自己的思路，常常表现得注意力涣散，不断走神？

  A. 肯定 B. 有时 C. 否定

8. 别人问你一些复杂的事，你是否时常觉得跟他多谈简直是对牛弹琴？

  A. 肯定 B. 有时 C. 否定

9. 你是否觉得那些过于喜爱出风头的人是肤浅和不诚恳的？

  A. 肯定 B. 有时 C. 否定

诊断结果：

9~14 分：你很善于与人交谈，因为你是一个爱交际的人。

15~21 分：你比较喜欢与人交朋友。假如你与对方不太熟，刚开始可能比较少言寡语，可一旦你们熟起来，你的话匣子就再也关不上了。

22~27 分：你一般情况下不愿与人交谈，只有在非常必要的情况下，才会与人交谈。

附2：案例研讨

研讨题：

1. 某单位为了增强员工的团队意识，拟组织一次外出参观考察，请按照"三段论"的表达方式，以团队负责人的口气模拟考察前的动员讲话。

2. 某公司机动能源车间根据上级总体安排，即将开展绩效工资试点改革，请按照"Why/What/How法"，以车间主任的名义模拟在改革动员会上的发言。

第五章 书面沟通

相对于口头语言沟通来说，书面沟通的形式从单一的文件发展出多种多样的形式，包括报纸、杂志、书籍、信件、报告、板报、标语、电子邮件、传真、手机短信息、电视、电脑屏幕上的文字说明、通知以及标志，等等。由于书面材料的可复制、可保存、可查阅等特点，在科层制度复杂的正式企业组织中，大量的沟通都依赖于书面沟通。书面沟通的规则性更强，写作往往比说话更让人觉得难以下手，因而，了解书面沟通的技巧显得十分必要。

第一节 书面沟通的特点

所谓书面沟通，就是利用书面文字作为主要的表达方式，在人们之间进行信息传递与思想交流。如企业在处理日常事务时经常使用的信函、计划书、各类报告、合同协议等都是重要的书面沟通方式。无论企业内部沟通还是外部沟通，都离不开书面文字。对企业内部而言，企业成立时需要拟定公司章程、制定规章制度、编制工作说明书等；日常管理中需要制订各种计划、签订有关合同、发放各种通知等。对企业外部而言，书面沟通更为普遍，如财务报告、市场调研报告、对外商务交往信件与函件等，这些都是企业与外部环境联系的桥梁和纽带。

一、书面沟通的优点

书面沟通在人们的生活和企业管理过程中扮演着重要角色，具有其他沟通形式所不可替代的作用。概括起来，书面沟通的优点主要表现在下述几个方面：

1. 书面沟通可供阅读，可长期保留，并可作为法律凭证

一般情况下，信息的发送者与接收者都是通过书面文字了解信息，传递思想与情感。这些书面文字可以长期保存，如果对信息的内容有疑问，事后

对信息的查询也是完全可行的。由于书面沟通有据可查，因此在某种意义上还可以作为法律上的凭证和依据，如合同与协议书的条款一旦生效就具有法律效力。不仅如此，书面沟通还能够给读者提供更多的思考时间，使其仔细分析文字上所附有的意义，并且可圈可点。

2. 书面沟通可使下属放开思想，避免由于言辞激烈而与上级发生正面冲突

如果是下属面对面地与领导交谈，一般都会有所顾忌，不敢直言，特别是对上司的缺点，下属更不愿直接说出。采用书面形式沟通，下属可以直抒胸臆，晓之以理，动之以情，让领导理解或接受自己的观点和意见。既能使问题得到解决又照顾到双方的脸面，维护了双方的自尊，避免由于言辞激烈而与上级发生冲突与不快。反之，上级采用书面的形式与下属沟通，既能拉近彼此之间的距离，让下属感到亲切，同时下属也比较重视，能够及时改进自己的不足。同时，采用书面形式沟通，写作者可放开思想包袱，从容表达自己的想法，避免了口头沟通时说话不连贯、吞吞吐吐、欲说还休的尴尬情况。

3. 书面沟通的内容易于复制，有利于大规模地传播

书面沟通可以将内容同时发送给许多人，给他们传递相同的信息。书面沟通的载体形式多种多样，包括报纸、杂志、书籍、信件、报告、电子邮件、传真、通知等。广泛的载体形式使得书面语可以不受时空限制，从一地转到另一地。而且，只要载体上所印制或储存的文字及其他信息符号能够保存，内容就可以长期保存下来。

4. 书面沟通讲究逻辑性和严密性，说理性更强

人们把所要表达的内容说出来和写出来是大不一样的。一般而言，说出来要比写出来更为容易，因为说的时候不必对文字仔细推敲，也不必讲究语法和修辞，并且还可以伴随着大量的肢体语言和表情等。但要把自己口头表达的内容变成文字，就必须对其进行认真组织，既要讲究语言的运用，又要考虑修辞、逻辑以及条理性。同时，书面文字在正式传播以前还要经过反复修改、补充、论证，以使意表达得更为清晰。

5. 书面沟通可以反复推敲、修改，直到满意为止

由于口头表达大多都是即时性的，不会给表达者很多的时间思考、准备。说话者一旦话已出口，则很难收回，尤其是当话语有损于对方时，即使重新表达自己的意思也无法消除之前造成的不良效果。而书面沟通则不同，人们在进行书面沟通时，时间一般是比较充实的，可以对自己要表达的思想和观

点进行反复推敲、修改，这样不仅可以避免口头表达时因个人情绪冲动而产生的不利影响，而且还能够表达口头语言无法表达的内容和观点，如个人情感及内心感受等。也正因为如此，书面沟通才具有口头沟通不可替代的作用。

二、书面沟通的缺点

任何事物都是相对的，都具有两面性。书面沟通既有优点，也有不足。书面沟通的缺点也是非常明显的。

1. 书面沟通耗费时间较长

同样的内容，在相同的时间内，口头沟通传递的信息要比书面沟通传递的信息多得多，如花费一个小时写出的东西只需要15分钟就可以说完。之所以如此，是因为口头沟通不需要花费过多的时间进行构思和修改，语言也比较简洁，即使出现一些不规范的省略句、半截子话等也并不影响听众的理解；而书面沟通则不同，需要花费大量的时间和精力对文章结构、内容和逻辑顺序进行构思和修改，并要花费大量的时间做到语法规范、用词准确、语言流畅、条理清晰，可以说，花在构思和修改上的时间要比实际的沟通时间多得多。

2. 容易产生沟通的障碍

由于人们知识水平、社会观念的差异，不同的人对相同的信息所理解的程度是不一样的。因此，对于书面文字传递的信息，接收者有时不能真正理解传递者的本意，从而造成沟通障碍。此外，传递者在写作过程中使用有歧义的语言，或者词不达意，也会造成双方对信息理解的不同，产生沟通障碍。

3. 信息反馈速度较慢

口头沟通能够使接收者对其所听到的东西及时提出自己的看法，如果有不明白的地方可以及时提出疑问，反馈速度较快。而书面沟通缺乏这种内在的反馈机制，无法确保所发出的信息能被读者接收到，也无法确保接收者对信息的理解正好是发送者的本意。发送者往往要花费很长的时间来了解信息是否已经被接收并被正确地理解，反馈速度较慢，有时会造成时间拖延，甚至贻误时机。

4. 无法运用情境和非语言要素

口头表达往往是在一定的情境下进行的，双方通过互相观察，凭借某些非语言信息获得某种讲话者故意掩盖或逃避的信息，而书面表达却没有这种情境性，在口头表达中极容易理解的话语，在书面沟通中要想达到同样的效果,则需要花费大量的笔墨去做背景的交代,对于有些"只可意会,不可言传"的内容,即使传递者绞尽脑汁,恐怕也很难把它解释清楚。

第二节 书面沟通的一般要求

1. 沟通目的明确

从书写的角度来看,书面沟通的主要目的包括提出问题、分析问题、给出定义、提供解释、说明情况和说服他人,因而,书写者必须明确自己如何展开文章内容,需要传达什么信息、将信息传达给谁以及希望获得怎样的结果。

2. 信息传递正确完整

正确书写是书面沟通的重要原则,也就是说,写出的文章材料要真实、可靠,观点要正确无误,语言要恰如其分。尤其要明了书写的意图,正确传递想要传递的信息,完整地表达想要表达的思想、观点,完整地描述事实。这样在书写时就必须反复检查、思考,不断填补重要的事项。

3. 内容表达简洁

书面沟通中在正确传递信息的同时,应力求简洁。"简洁"与"完整"似乎是一对矛盾,这其实是一个度的把握问题。"完整"是为了表达想要沟通的重要方面,但并不意味着要把所有的事实、观点都罗列在纸上。可以通过排序的方法,把不太重要的事项删除,也可以进行总结,把琐碎的、没有太大价值的文字精简掉,使文章言简意赅。

4. 书写格式规范

在正确表达的基础上,应该力求条理清晰。清晰的文章能引起读者的兴趣,更能使读者正确领会作者的意图。要做到清晰,除了要选用符合文章的样式外,还应注意文章的整体布局,包括标题、字体、页边距等,尤其是要留下适当的空白,若是把所有的文字都挤在一起,则很难阅读;如果是手写的,则不能潦草,因为这不仅影响到阅读速度,还影响到读者对文章的理解。

第三节 常用的书面沟通文体介绍

一、规划计划

规划计划类文书是组织活动中使用范围很广的重要文体,当组织或部门要对未来一段时期的工作预先做出安排和打算时，都需要制订计划。所谓计划，就是企业对未来生产经营活动及所需的各种资源在时间、空间上所做出的具体安排和部署。根据实际情况，计划可以分为许多不同种类，具体来讲，时间上长远、牵涉面较广的称为"规划"；比较繁杂、全面的设计称为"方案"；比较深入、细致，带有明显行动性的称为"计划"；较为具体、直面一个现实问题的称为"安排"。这些文体都属计划类文书的范畴。尽管分类有所不同，但计划类文书在内容上的共同点是都涉及了"做什么""怎么做"和"做到什么程度"三个部分。

1. 工作规划

工作规划具有以下特点：时间一般都要在 5 年以上；范围大都是全局性工作或涉及面较广的重要工作项目；在内容和写法上比较概括。规划是为了对全局或长远工作做出统筹部署，相对其他计划类文书而言，规划带有方向性、战略性、指导性的意味，因而其内容往往要更具有严肃性、科学性和可行性。这就要求写作者必须首先进行深入的调查和周密的测算，在掌握大量的可靠资料的基础上，确定组织的发展远景和目标，并反复经过多种方案的比较、研究和选择，最终确定规划的各项指标和措施。

规划的具体写法：格式由"标题＋正文"两部分组成，一般不必再落款，也不用写成文时间。规划的标题采用"四要素"写法：主体名称＋期限＋内容＋"规划"二字，如"×××公司 2005—2008 年战略发展规划"。规划的正文内容如下：

（1）前言。即背景资料，也就是制定规划的起因。应把诸多背景资料认真地加以综合分析，而不能简单地罗列事实，这样才会使人相信规划目标是可靠的和言之有据的。

（2）指导思想和目标要求。这属于规划的纲领和原则，是在前言的基础上提出的，因此要用精练的语言概要地进行阐述，使人读来感到坚定有力、受鼓舞。

（3）具体任务和政策、措施。这是规划的核心部分，是解决"做什么"和"怎么做"的问题，因此任务要明确，措施要具体。

（4）结尾。即远景展望和号召，这部分要写得简短、有力，并富有号召性。

2. 工作计划

这里的计划指狭义的计划，计划期限一般在一年或半年，且大多是以一个企业的工作为内容，只在单位内执行。计划一般不以文件形式下发，因而，除标题和正文外，往往还要在标题下或文后标明"×年×月×日制订"的字样，以示郑重。计划的标题也采用"四要素"写法。计划的内容一般包括以下几个方面：

（1）开头。开头要通过概述情况来阐述计划的依据，要写得简明扼要，同时要明确表达目的。

（2）主体。即计划的核心内容，包括阐述"做什么"（目标和任务）、"做到什么程度"（要求）和"怎么做"（措施和办法）三项内容。

（3）结尾。结尾或突出重点，或强调有关事项，或提出简短号召。

总之，写好计划类文书可能是公文写作中比较难的。因为，这不仅仅是文字表达上的事，还涉及具体工作及业务的组织和安排问题，需要有长远的眼光和领导魄力，这种写作是一个人综合能力的表现。在写作上也有一些章法，首先，写作者必须分清这个计划的内容属于哪一类，适合用哪一个具体的计划种类来表达，从而确定具体文种，即是规划、计划、方案、安排中的哪一种。然后，再根据具体内容和文种写作要求进行写作。如果是时间较长、范围较广的计划，就要用"规划"。因为，规划不必也不能写得太细，只要能起到明确方向、鼓舞人心、激发热情的作用也就差不多了。当然，这并不是说规划就可以写得不切实际，但规划的切合实际问题的确只是个大致的切合。如果计划的内容是某一项工作，一般用"方案"或"安排"，工作项目比较复杂者用"方案"，较简单者用"安排"。因为，方案和安排都必须写得很细，否则工作就没法开展。如果计划的内容既不是单项工作，又不是很宏大的，这就该用真正的"计划"了。因为，狭义的计划是广义计划中最适中的一种。当然，若只想把这计划的摘要加以公布，则可用"要点"来写。

二、报告

所谓报告是一种搜集、研究事实的人与由于某种目的而要求看报告的人之间的信息或建议的交流形式。

1. 调查报告

调查报告是为解决某些问题而调查分析实际情况、研究对策，然后向有关部门和上级领导所做的报告。一般有两种：一是主动报告。某项工作进展得如何，以及一个企业、一个部门发生了什么事件需要有关部门掌握、了解，都需要及时写出情况报告。二是被动报告。组织因工作需要，安排人员就某个方面、某个问题进行调查研究，事后提交的报告即为被动报告。调查报告的意义在于总结经验，发现、研究、解决问题。

调查报告的标题一般有两种写法：一种是一般文章标题式写法，如"×××公司腾飞之路"；另一种是公文标题式写法，如"×××产品市场状况调查分析"。调查报告的正文一般包括4方面内容，即前言、事实、分析、意见（对策或建议）。

（1）前言。前言部分要简要地说明调查目的、调查时间、调查范围以及所要研究和报告的主要内容等。有的调查报告中还包括调查方法及调查的整体思路等。

（2）事实。即阐述调查得来的主要内容或主要问题。这部分是调查报告的主体，容量较大，所以要进行归纳，或以自然情况为序，或以内容的逻辑关系为序，分条列项地进行书写。每一大条都要有一个中心，或用序码标明，或用小标题的方式来概括，以使眉目清楚。具体内容的写法主要是叙述，多用事实和数据说明，做到材料和观点相统一；表达上则要灵活一些，提出论点并以充分的论据证明，或以调查材料归纳出论点。

（3）分析。分析是调查报告的研究部分，通过分析，或指出问题的性质，或找出产生问题的原因。分析可以是理论分析，也可以是实践例证，但不管如何分析，都必须基于事实和数据，要具有针对性，揭示实质，不能凭主观想象，更不能主观臆断。

（4）对策或建议。调查研究的主要目的在于发现问题、分析问题，最终是为了解决问题。因此，在调查分析的基础上，还必须提出解决问题的对策和建议。所提对策和建议可以是原则性的或带有方向性的，也可以是具体的、可操作的。

调查报告容量较大，而且要对事物进行全面的分析、研究，从而提高人们的认识，指导实际工作，这就要求写作时不仅要具有科学的世界观和方法论，而且要深入实际，掌握第一手资料，同时还要具有驾驭题材、组织材料的能力。在具体写作时应注意以下几点：

第一，要实事求是。在调查所得的全部材料中找出能揭示事物规律的结论，不论是成绩还是问题，不论是经验还是教训，不论是建议还是对策，都应是实事求是的结果，并据此来选用比较恰当的报告结构方式。决不能先入为主地用事先拟好的结论来套用或改造事实，或者为了采用某种熟知的结构方式对号入座地去找材料甚至迁就某些材料。

第二，要突出本质。要在众多的由材料得出的观点中选用最能突出事物本质的观点来说明问题，并据此来选择恰当的、具有代表性的材料作为论据。

第三，要在观点和材料的表述上下功夫，做到既要有观点，又要多提供客观的依据。比如，运用一组材料来说明一个观点；或者运用一种方法来说明一个观点；或者运用统计数字来说明一个观点。

2. 工作报告

工作报告，就是将最近发生、发展与变动的各种工作情况写出来反映给有关部门和上级领导的一种文体，属于组织内部反映情况的一种公文。工作报告的显著特点之一是时间要求比一般公文要求要高。这是因为工作报告强调的是工作动态，工作报告如果不能及时将工作情况反映出来，上级就不能及时捕捉与工作状况有关的信息，这样的工作报告也就失去了意义。工作报告一般是就一个事件或事情的某一个侧面、某一个部分进行及时反映，主要强调单一事项的进程。

书写工作报告应注意以下几点：

（1）工作报告以发布信息为主。

（2）工作报告一般是一事一报，目的是将事件的进展情况说清楚，因此，文字越简单越好。

（3）工作报告一般采用开门见山的写法，不对细节做过多描述，一般不加撰写者的认识和评论。

（4）工作报告强调动态性，书写中一般多用动词。

3. 述职报告

述职报告是管理者向所属部门和员工以及上级组织和领导对自己在一定时期内的任职情况进行自我评述性质的报告。

述职报告的写作格式：

（1）标题有4种写法：一是只写"述职报告"4个字。二是"××年任××职务期间的工作汇报"的公文写法。三是"×××（姓名）×××（职务）××会议上的汇报（或报告）"的写法。四是新闻标题式的写法。

（2）正文包括3部分内容：①任职概况和评估。该部分包括述职范围、任职时间、工作变动情况、岗位职责、目标及对个人工作的自我评估。②尽职情况。这是述职报告的主体，主要写工作业绩、经验和问题。对于核心内容，多数是按工作性质不同分成几个方面来写，每个方面可先写业绩后写认识和做法，也可先写认识和做法后写业绩。但不管怎么写，都要体现个人的工作能力和管理水平，尤其是在处理敏感和棘手问题以及应对突发事件和重大事件方面，要写出表现自身素质、才能和领导水平的内容。③今后的设想和信心。要从实际出发，对今后工作在科学分析的基础上做出战略性规划，以表明尽职的态度。

（3）署名及日期。署名和日期可以写在标题下，也可以写在正文后。

由于述职报告的目的在于向人们汇报自己在职期间取得的业绩和存在的问题，因此，在书写时必须紧紧围绕自己的工作来进行。写作时应注意以下问题：

其一，思路清晰。述职报告是讲给别人听的，除了题目和称呼外，基本有一个较固定的"四部曲"。第一，介绍自己的职务和职责，以简短的话语拉开述职的序幕。第二，有条理地叙述自己在职期间所做的工作及所取得的业绩。这是述职的重点部分，要有理有据、有血有肉地详细介绍。第三，摆出工作中存在的不足和一些具体问题。第四，针对存在的问题，提出自己今后努力的方向和改进的措施。

其二，以职责为中心，突出典型业绩。述职报告有很强的"自我"性，即"述"工作时要以自己的职责为中心；摆业绩时绝不贪他人之功，而且应选择那些有影响的、人们认可的典型业绩；谈存在的问题时，则要诚恳地讲出自身的不足，不能是"我们"的不足。

其三，问题要具体。述职报告除了讲述自己的业绩外，还必须找出工作中存在的不足。讲问题时应该实事求是地讲出具体存在哪些不足，而不是用模糊性的语言，说一句"当然，工作中还有很多不足之处"来搪塞。不管有多大的问题，都要向接收者具体摆出来，这样才能树立自己的形象，赢得人们的认可。

三、协议书

协议书是社会组织或个人之间对某一问题或事项经过协商，取得一致意见后，共同订立的明确相互权利、义务关系的契约性文书。协议书的书写格式如下：

协议书一般由标题、立约当事人、正文、生效标识四部分组成。

（1）标题。一般只需要在"协议书"之前写明该协议书的性质即可，如"赔偿协议书""委托协议书""技术转让协议书"等。

（2）立约当事人。在标题下方写明协议各方当事人的单位名称或个人姓名。如果是单位，可在单位名称后注明法定代表人姓名、地址、邮编、电话号码等内容；如果是个人，可在姓名后注明性别、年龄、职务等内容。注明的项目可视协议书的性质而定。在立约各方当事人的前面或后面，一般应注明"甲方""乙方"等，以便使协议书正文的行文简洁方便；"甲方""乙方"放在立约当事人名称或姓名前面时应在其后加冒号，放在后面时可加括号。

（3）正文。正文一般有立约依据及双方约定的内容两部分组成。立约依据和立约原因是正文的开头，其作用主要是引出下文。正文是协议书的主体部分，一般用条款分条列项写出双方协商确定的具体内容。不同性质的协议书所包括的条款不同，具体应写哪些条款要视协议书的性质和双方协商的结果而定。

（4）生效标识。协议书正文结束后，署上立约各方当事人的单位名称或个人姓名。如果是单位，应同时署上代表人的姓名，然后署上协议书的签订日期，并加盖单位印章或个人印章。如果协议书有中间人或公证人的，也应署名、盖章。重要的协议书可请公证处公证，由公证人员签署公证意见、公证单位名称、公证人姓名、公证日期，并加盖公证机关印章。

四、商务信函

在商务活动中，信函仍是人们应用最多也最为普遍的沟通工具。如同一般信函，商业信文一般由开头、正文、结尾、署名、日期等五个部分组成。

1. 开头

开头写收信人或收信单位的称呼。称呼单独占行、顶格书写，称呼后用冒号。

2. 正文

信文的正文是书信的主要部分，叙述商业业务往来联系的实质问题，通常包括：

①向收信人问候。

②写信的事由，例如，何时收到对方的来信，表示谢意，对于来信中提到的问题答复等。

③该信要进行的业务联系，如询问有关事宜，回答对方提出的问题，阐明自己的想法或看法，向对方提出要求等。如果既要向对方询问，又要回答对方的询问，则先答后问，以示尊重。

④提出进一步联系的希望、方式和要求。

3. 结尾

结尾往往用简单的一两句话，写明希望对方答复的要求。如"特此函达，即希函复"。同时写表示祝愿或致敬的话，如"此致敬礼""敬祝健康"等。祝语一般分为两行书写，"此致""敬祝"可紧随正文，也可和正文空开。"敬礼""健康"则转行顶格书写。

4. 署名

署名即写信人签名，通常写在结尾后另起一行（或空一两行）的偏右下方位置。以单位名义发出的商业信函，署名时可写单位名称或单位内具体部门名称，也可同时署写信人的姓名。重要的商业信函，为郑重起见，也可加盖公章。

5. 日期

写信日期一般写在署名的下一行或同一行偏右下方位置。商业信函的日期很重要，不要遗漏。

五、工作总结

工作总结是组织、部门或个人对过去一个时期内的工作活动做出系统的回顾、归纳、分析、评价，并从中得出规律性认识，用以指导今后工作的事务性文书。

工作总结的基本写法：

1. 标题

标题通常有以下三种类型：①文件性标题。一般由单位名称、时限、内容、文种名称构成，如"××公司2007年度新产品开发的工作总结"。②文章式标题。通常以单行标题概括主要内容或基本观点，而不出现"总结"字样，如某企业的专题总结"技术改造是振兴企业之路"和某高校的专题总结"我们是如何实行教学与科研相结合的"。③双行式标题。例如，"知名教授上讲台教书育人放异彩——××大学德育工作总结"。

2. 正文

正文包括四个部分：①前言。一般介绍工作背景、基本概况等，也可交代总结主旨并对工作做出基本评价。前言书写要力求简洁，要开宗明义。②主体。包括主要工作内容和成绩、工作目标及任务的完成情况、经验和体会、问题或教训等内容。这些内容是总结的核心部分，可按纵式或横式结构撰写。纵式结构，是指按主体内容从所做工作、方法、成绩、经验、教训等方面逐层展开；横式结构，是指按材料的逻辑关系将其分成若干部分，各部分加小标题，逐一来写。③结尾。结束语可以归纳、呼应主题，指出努力方向，提出改进意见，也可表示对今后工作的决心、信心。结束语要求简短、利索。④落款。一般在正文右下方署名。

附1：模拟训练

训练题：阅读下文，并以××省外贸局的名义拟写一份复函，要求格式规范，措辞得体。

关于选拔出国人员的函

××省外贸局：

中国轻工业进出口总公司定于2月底派一贸易小组赴德国进行推销和调研活动。拟请你省轻工业进出口公司派一名熟悉玻璃器皿经营业务并懂德语的高级工程师参加。如同意，请将你省审批的出国人员的批件于元月底以前寄中国轻工业品出口总公司。

经贸部（印章）
××××年×月×日

附2：模拟训练

训练题：阅读下面这份计划，指出其优缺点，并加以修改。

个人学习计划

本学期的任务是在一年级学习的基础上进一步学习基础理论课，并开始学习专业课。为了使自己学好各种基础理论课和专业课，真正掌握各门业务知识，兹将计划要点介绍如下：

1. 首先要学好各门基础理论课。如外语、写作、哲学和政治经济学。这些课是专业课的基础，切不可忽视，只有奠定良好的基础，专业课才能学好，否则，专业课就会成为"空中楼阁"。

2. 在学习基础理论课的基础上，要认真学习专业课，如工业会计、商业会计、统计学原理等,真正了解并掌握财政工作的基本业务,才能使自己成为一名有用人才,才能为党和国家做好本职工作。

在具体执行以上各项计划时,应从以下几个方面进行:

(1) 课前要对教师讲授的东西进行预习,做到心中有数。

(2) 课堂上要认真听老师讲授。对老师提出的问题,要开动脑筋,积极思考,同时对于教师讲授的要记笔记,做到课堂上将老师讲授的知识基本上理解并消化。

(3) 课下对老师讲授的知识要进行认真复习,认真阅读教科书和笔记,进一步加深理解教师的讲课,以便消化书本知识成为自己的知识。

(4) 认真完成作业,作业是对学生是否真正理解并掌握书本知识和教师讲授的知识的综合检查,它能培养我们独立分析问题和解决问题的能力。

(5) 平时应多阅读有关的参考资料,以此扩大自己的视野和知识面。应尽量使自己多了解一些财政工作方面的业务知识。

(6) 要积极和同学们开展一些学术方面的讨论,取长补短,促进学习,对于一些争论性的问题要敢于提出问题见解,以加深理解并巩固所学的专业理论知识。

(7) 平时测验和期中、期末考核争取保持优良水平。

第六章　非语言沟通

人们在沟通中信息的传递，往往不完全依赖语言表达，还能通过非语言行为表露出来。在日常生活、工作中亦是如此，多数人将精力全部放在如何开口说好话、如何充分表达自己的想法和见解、如何让对方听得清楚明白，等等。以"说"为主的有声沟通，往往会忽略无声的沟通。在与人沟通时，有意识地强化自己的肢体语言，比如，目光、手势、语气、姿态，等等，无疑会大大增强沟通的效果，即所谓"眉来眼去传情意，举手投足皆语言"。

弗洛伊德说："除非圣灵能秘而不宣，常人的双唇即使缄默不语，他抖动的双手也在喋喋不休，他的每一个毛孔都在诉说着心中的秘密。"苏格拉底说："高贵和尊严，自卑和好强，精明和机敏，傲慢和粗俗，都能从静止或者运动的面部表情和身体姿势上反映出来。"

第一节　非语言沟通的特点

非语言是相对于语言而言的，是指人类在语言之外进行沟通时的所有符号。非语言信息是通过身体动作、面部表情、仪表服饰、语音语调等产生和传递出去的。研究表明，人的姿态、表情、手势经不同的组合后，能表达出近 70 万种不同的信息，比任何一种语言所能表达的意思都要丰富。语言在沟通中只起到了方向性或规定性作用，而非语言行为才能准确地反映出话语的真正思想和感情。

非语言沟通就是以人体语言（非语言行为）作为载体，即通过人的眼神、表情、动作和空间距离、身体移动、姿势、服饰饰品、发型等来进行人与人之间的信息交流。非语言沟通有如下的特点：

1. 传播过程的连续性

人际交流中不论双方是否交谈，他们无时不在进行着信息的沟通交流。其举止、神态、服饰、距离等都在无声地或有意识地向对方发出信息。一个人说完话或者不说话，并不是中止了信息的交流和传播，沉默也是一种表达。美国心理学家经过实验总结出一个公式：信息的总效果＝7％的文字＋38％的音调＋55％的面部表情。这个公式表明，非语言符号具有非常重要的连续沟通作用。

2. 传播通道的多渠道性

语言符号一般只是通过文字和声音两种通道、动用视觉和听觉来交流信息，渠道是平面的，方位是单一的。非语言沟通是立体的传播，传播着多方位的立体的信息。可以同时刺激传、受双方的多种感官，调动触觉、嗅觉、味觉等感官参与传播。以多种方式出现，比如，一个人愤怒的时候，他会横眉怒目、咬牙切齿、紧握拳头。

3. 非语言信息的互动性

在沟通过程中非语言信息基本上是自然地流露，具有无意识性，也叫非自制性。心理学研究成果表明，人类心理活动的发生都伴有情感因素的参与，情感变化时，会发生一系列生理反应，如暴怒时，会同时伴有血压升高、心跳加快、燥热出汗等生理现象。这些机体内部变化体现出的外部表征，人的意志是无法控制的，这些外化的表情动作，能真实地表露其内心秘密，同时，促进交流双方的互动。

4. 信息传达的真实性

语言沟通所传达的信息大多经过理性的加工和过滤，往往不能直接表露一个人的真实意愿。而非语言信息是人们对外界刺激的下意识反应，很难掩饰和压抑。人的大脑进行某种思维活动时，会支配人体的各个部位发出各种细微的信号，这是人自己难以意识到、难以用理性加以控制的。所以民谚才有"耳听为虚，眼见为实"的说法，就是要人们在沟通时除了要听口头表达以外，还要注意留心沟通对象的非语言信息。尤其是当语言信息和非语言信息表达的信息不一致时更要格外注意非语言信息的表达。不同于口头语言和书面语言，我们的肢体语言大多能传达更真实的意思。我们经常说一些违心的话，特别是谈及自己的感受时，我们会这样说："我没生你的气"，或"我并不着急"，实际上我们的想法往往正相反。

第二节　非语言沟通的作用

1. 代替语言

现实生活中，许多语言沟通所不能传达的信息，非语言却可以有效地传递，达到"无声胜有声"的效果。

例如，抗日战争时期，毛主席去重庆谈判前与延安军民告别时的动作就足以说明。方纪的散文《挥手之间》是这样来记述的："机场上人群静静地站立着，千百双眼睛随着主席高大的身影在移动""人们不知道怎样表达自己的心情，只是拼命挥着手""这时，主席也举起手来，举起他那顶深灰色盔式帽，举得很慢、很慢，像是在举一件十分沉重的东西，一点一点地，一点一点地，等举过头顶，忽然用力一挥，便在空中一动不动了。""举得很慢、很慢"，体现了毛泽东在革命重要关头对重大决策严肃认真的思考过程，同时，也反映了毛泽东和人民群众的密切关系和依依惜别之情。"忽然用力一挥"，表现了毛主席的英明果断和一往无前的英雄气概。毛主席在整个欢送过程中一句话也没有讲，但他的手势动作却胜过了千言万语。

2. 辅助语言

人们运用语言行为来沟通思想、表达情感，往往有词不达意或词难尽意的感觉。因此，需要同时使用非语言行为来进行帮助，或弥补语言的局限，或对言辞的内容加以强调，使自己的意图得到更充分更完善的表达。例如，当别人在街上向你问路时，你一边告诉他怎么走，一边用手给指点方向，帮助对方领会道路方向，达到有效的信息沟通。

3. 表达情感

非语言行为可以更好地表达人的感情和情绪。例如，相互握手则表示着良好人际关系的建立；父母摸摸小孩子的脑袋表示爱抚；夫妻、恋人、朋友间的拥抱表示着相互的爱恋和亲密。

4. 了解对象

经验告诉我们，对于一个人的认识在很大程度上来自对其非语言行为的观察。诸如年龄、身份、地位、兴趣、爱好、情感、意志、态度、倾向等有关自我的信息，都可以从其非语言行为表现中观察出来。中医看病采用"望、闻、问、切"，"望"和"闻"就是通过患者表露的非语言行为对其进行临床观察，以提供诊断依据。

5. 调节互动

在沟通交流时，非语言行为可以维持和调节沟通的进行。如点头则表示对对方的肯定；皱眉则表示有疑问；一方如果东张西望，意味着谈话该结束了。简言之，调节肢体动作可帮助沟通双方控制沟通的进行。因此，沟通中的非语言暗示，如点头、对视、皱眉、降低声音、改变距离，等等，所有这些都在传递着信息。

第三节　常用的非语言沟通

1. 眼睛

"眼睛是心灵的窗户。"心理学家的大量科学研究已经证实了这一格言的合理性。研究发现，眼睛是透露人的内心世界最有效的途径。人的一切情绪、态度和感情的变化，都可以从眼睛里显示出来。而且，人对自己的语言可以做到随意控制，但对于目光却很难随意控制。观察力敏锐的人，可以很好地从一个人的目光看到一个人内心的真实状态。从影视剧中的蒙面大侠，可以很好地体会到，仅从两只眼睛的面部特写中，就能看到人物全部的情感变化。可见，无论是从科学的角度，还是从日常经验的角度，"我从你的眼睛看到了你的内心"这一说法都并非臆测。一切喜怒哀乐都可以从一个人的眼神中流露出来。我们经常说"眼睛会说话""眉目传情""暗送秋波"等，都说明了目光在人们情感交流中的重要作用。

眼睛不仅是心灵的窗户，更重要的是"眼睛会说话"。心理学家发现，目光接触是最为重要的身体语言沟通方式。许多其他身体语言沟通，常常也直接与目光接触有关。人际沟通中若缺乏目光接触的支持，那沟通会变得非常困难。如果一个人戴着深色或反光太阳镜与你谈话，你会感到很不舒服，也感到难以与对方保持默契的沟通。因为太阳镜阻断了你们的目光接触，使你们的沟通过程失去了一个重要的信息交流途径。看不到对方眼睛，你无法了解对方说话时处于怎样的状态，也难以确认对方对你的谈话究竟做怎样的反应。心灵的窗户挂上了一个深色的帘子，信息的沟通和情感的交流出现障碍是必然的。所以，几乎所有的人际关系心理学专家都告诫人们，千万不要戴很深的太阳镜与人说话。它会使人感到你在拒他于千里之外，从而得不到别人信任，会使你与别人的沟通成为一个冰冷的、没有感情和生机的过程。

因此，我们在听人说话的时候，要关注对方的眼睛。一方面，是出于礼貌，我们表示对他人的重视，另一方面，我们可以收集到对方内心的一些信息；同时，在自己说话的时候，我们也可以用眼睛说话，比如，当你说完最后一句话的时候，将目光移到对方的眼睛，表示一种询问"你认为我的话对吗？"或者暗示对方"现在该轮到你讲了"。对方就会接过你的话题，继续讲下去。

在人际交往中，不同性格、不同修养、不同民族的人，运用眼睛相视的方式也各不相同。在我国，习惯在交谈中不时地注视对方的眼睛和面部，以表示真诚的倾听和交往，同时也表明尊重对方。因而，交往中目光运用得当，有助于融洽气氛，交流思想，增进感情，加深印象，反之，轻则导致拘谨，重则产生误解。在交往中一般常用的方式是以真诚或期待的目光，适时注视对方而讲话，略带微笑，不卑不亢，这是最温和、有效的方式。

科学家认为，只有相互注视到对方的眼睛时，彼此的沟通才能进行。目光接触累计应达到总交流时间的 50%~70%。

眼睛沟通要做到"三个要"，即要有自信，要注意力集中，要有修养。

2. 面部表情

面部表情是另一个可以实现有效信息沟通的身体语言途径。人的面部数十块肌肉，可以做出上百种不同的表情，准确地传达出各种不同的内心情感状态。来自面部表情的信息，更容易为人们所觉察。但同时，由于表情肌的运动是自觉的，人们可以随意控制，因而也出现了虚假表情的问题。很少有人能够随意控制自己眼睛的变化，但几乎所有人都能够随意控制自己的表情肌，使之做出与内心真实感受不相对应的虚假表情。德国哲学家斯科芬·翰尔曾指出："人们的脸直接地反映了他们的本质，假若我们被欺骗，未能从对方的脸上看穿他的本质，被欺骗的原因是由于我们自己观察不够。"罗曼·罗兰也说过："面部的表情是多少世纪培养成的语言，是比嘴里讲的复杂千百倍的语言。"

与目光一样，表情可以有效地表现肯定与否定，接纳与拒绝，积极与消极，强烈与轻微等各种维度的情感。由于表情可以随意控制，变化迅速，而且表情的线索容易觉察，因而它是十分有效的身体语言途径。人们可以通过表情来显示各种情感，也可以运用表情来表达对别人的兴趣；可以通过表情来显示对一件事情的理解状态，也可以由表情表达自己的明确判断。

常言道，出门看天色，进门看脸色。相由心生，当你哭丧着脸、板着面孔、面无表情与对方沟通时，任何人都不会喜欢，因为这些都表示不满、不高兴，或给人不屑的感觉，都不利于沟通。

在日常生活中，常见的笑有多种：微笑、嘲笑、欢笑、讥笑、苦笑、皮笑肉不笑、狞笑、奸笑、傻笑、哈哈大笑，等等。不同的笑，反映出不同的情感和态度。一个研究小组分析和编录了近百种脸部、头部和身体的不同姿势和表情，从中归纳出有 3 种笑最普遍，即：微笑、轻笑和大笑。研究表明，人在交往过程中，微笑是最常见的面部表情。在个人和职业生涯中，那些善于微笑的人都被认为是热情、富有同情心和善解人意的。根据研究显示，经常面露微笑的人和别人沟通时就比较占优势，一个友好、真诚的微笑会传递给别人许多信息。微笑能够使沟通在一个轻松的氛围中展开，可以消除陌生、紧张带来的障碍，同时，微笑还能显示出你的自信心，希望能够通过良好的沟通达到预定的目标。

有人说微笑是通向世界的护照，是打动心弦最美好的语言。的确，在人际交往中，微笑是不可缺少的润滑剂，它能使得者获益，使给者无损。它发生于瞬间，但真诚的微笑留下的印象却是永远。号称世界"酒店之王"的希尔顿，其成功秘诀之一就在于服务人员微笑的魅力，"今天你对客人微笑了没有？"这一句话已经成为酒店管理中的名言。正像诗人所形容的那样：微笑是一种无声的亲切的语言；微笑是一种无声的动人的音乐；微笑是人类一种高尚的表情；微笑永远是生活里明亮的阳光。只要心中有了微笑，我们就能穿过世事的云烟，沉着应变，耕耘心田，结交更多的朋友，走向成功的彼岸。

【故事】 林肯的故事

林肯的一位朋友曾向他推荐某个人为内阁成员，林肯却没有用他。他的朋友很不理解，因为那个人的资历、经验、水平都很胜任。于是朋友去问林肯，林肯说："我不喜欢他那副长相。""哦，这不太苛刻了吗？他的长相是爹妈给的，他不能为自己天生的长相负责呀？"朋友说。林肯说："不，一个人过了40岁就应该对自己的脸孔负责。"

林肯的话说明：一个人的面部表情同其他体态语言一样，是可以熏陶和改变的，是由人的内在变化、文化修养、气质特征所决定的。

3. 手势

手也会说话，手是人的第二副面孔，平常我们大多频繁地使用手势，传达多种信息。手势语在日常沟通中使用频率很高，范围也较广泛。比如，拍桌、捶胸、搓手、拍脑门、两手张开、双手捂住两腮、一边握手一边用手拍着对方的肩膀，等等。这些手势语主要是增强表情达意的情感色彩，使语言更富有感染力。

例如，你为了找个合适的工作，正在接受面试，若招聘人员说话做手势时是手掌伸开，手心向上，那么他可能是个直爽诚实的人，此时，你若根据他的手势来相应变换自己的手势，你们之间即可进行顺利交谈，而且会给他留下良好的印象。如果这位招聘官一边说话，一边用手指着你，那么这位考官可能相当自负，与这种人说话，你最好双手合十，手指顶着下巴，并以坚定的目光看着对方，这是向他表明你是不怕压力的。如果这位招聘官谈话时单手握拳向上，做出似乎在"宣誓"的样子，你可得当心，因为他是试图给人一种印象，好像他是个"非常诚实"的人，但实际往往相反。

手势传达的信息是双向的，因此你在谈话时也要注意自己的动作：请不要两手相握，也不要捏弄拇指，坐立不安地玩弄钥匙，这些动作表明你缺乏自信，过分紧张。最好是稳稳地坐在那儿，把手随便地放在自己的大腿上，这样会给人一种镇静自若、轻松自如的气氛。而双臂交叉放在胸前则形成一道屏障，是"防御"之信号；双臂抱在胸前，身体靠在椅背，表示懒散消极、漠然的态度；如果双臂放在背后，昂首挺胸，是向人表示自信和权威。

在英语和汉语中，都有许多关于手的习语。如汉语中"手段高明""心狠手辣""心慈手软""手舞足蹈""心灵手巧""心慌手乱""手眼通天"，等等，尤其是"心灵手巧""心狠手辣""心慈手软"的说法，是对手心相联的最好描述。其他词还如"摩拳擦掌""手忙脚乱""手段""手工""手疾眼快""手紧"等，都不同程度地揭示了手同一个人的情绪和个性的相互关系。

握手是工作上唯一会触及肢体接触的肢体语言。在握手的短短几秒钟，对方就开始判断你是个什么样的人。握手的方式要让对方感受到你是一个自信、亲和力强的人。美国盲人女作家海伦说："我握过许多人的手，有的人的手使我感到温暖可亲，而有的人的手却使人感到寒冷，拒人于千里之外。"

4. 姿态

在日常生活中，我们自己也在经常使用姿势来进行沟通。在需要表示对别人尊敬的情境中，如与上级谈话，我们的坐姿自然就比较规范，腰板挺直、身体稍稍前倾。有些人则干脆"正襟危坐"。如果我们对别人的谈话表示不耐烦，则坐的姿势就会后仰，全身肌肉的紧张程度就会明显降低。无论什么人在讲话，只要看一眼听者姿势，就会明白他的讲话是否吸引听众。

姿态语言指站姿、坐姿、走姿、蹲姿、卧姿等。其基本要求是立如松、坐如钟、行如风。男士规范的坐姿应该是双腿并拢，上身挺直坐正，两脚略向前伸，两手分别放在双膝上；女士规范的坐姿要求坐正，上身挺直，两腿并拢，两脚同时向左或向右放，两手叠放，置于左腿或右腿上。

规范的站姿应该是头正、肩平、臂垂、躯挺、腿并；规范的走姿要求头正、肩平、躯挺、步位直、步幅适当、步速平稳。抬头挺胸的姿势表达出专业的自信。抬头挺胸站立让你看起来更年轻、充满活力，也更高大些。你的姿势让你的语言更具说服力，其他好处还包括改善血液循环，以及让自己的穿着看起来更加合身。

5. 服饰

装饰所起的沟通作用是自然发生的。任何有关自己的装饰，从发式、服饰、化妆到所携带的物品，都在透露有关一个人的信息。事实上，人们也正试图通过各种装饰来透露自己的信息。在心理学中有一个理论——晕轮效应，首次接触的前7秒钟，你的第一印象就在对方的脑海里形成了，这一印象往往造成日后他人对你做出判断的心理依据。服饰对于形成最佳的第一印象有着不可忽视的作用，在沟通中扮演着信息发送源的角色。我们经常可以通过服装的质地、款式、新旧看出一个人的身份、地位、经济条件、职业线索和审美品位，服饰在为沟通者传达着信息，也可以起到交流的作用。

服饰不仅反映着一个人的性别、年龄、职业、地位，也反映着一个人的社会角色、性格乃至情绪倾向。各种颜色、各种式样、各种档次的服装，正好反映了人们五彩缤纷的需要，反映了着装者不同的特点。崇拜名牌、高档物品的人，会很乐意把服装的标记显露出来；对自己的大学生身份感到愉快的人，会经常穿印着"××大学"字样的运动衣或T恤衫；追逐时髦的人，会很愿意穿着流行服装；注意洁身自好的人，会时刻注意自己服装的规范和整洁；喜欢被人们注意的人，总喜欢有特别的穿戴等。服装的自我显示作用，由此可见。

一个人的饰品佩戴与化妆风格，直接反映着一个人期望向别人表露自己的哪些信息，反映一个人的审美情趣与性格特点。有强烈吸引别人注意欲望的人，会不顾自己的特点，浓妆艳抹。而性格稳重，知识修养较好的人，往往只化淡妆。在首饰佩戴上，个人特点的反映更加明显。有些人佩戴首饰与自己的特征融合而和谐，起到了增加美感、画龙点睛的作用。而有些人佩戴首饰却是为了向别人显示财富，甚至有人10个手指戴满戒指，此时，首饰所起的作用正是透露了她（他）的俗气与浅薄。

【故事】 克林顿的故事

1992年，克林顿参选美国总统，大战老布什，当时他以代表中下层利益的亲民形象现身,牛仔上衣和卡其布裤的休闲装扮,到处演讲拉票。虽然听众反响热烈,但是他的支持率始终在低位徘徊。后来他一改前期朴素的形象,穿深色的 Brook Brothers(布鲁克兄弟)西装现身,向当时身处经济困境的民众们传达"跟着我,大家有衣服穿、有好日子过"的信号,好感立即飙升,最后入主白宫。

6. 音色和语气

音色和语气也是一种肢体语言,给对方留下的是一种思想和情感,而不是简单的信息。平时在工作和生活中,每天都能听到同事、亲戚、朋友传来的不同的声音,有高兴的声音,有难过的声音,有愤怒的声音还有平淡的声音,不同的音色比话语本身给我们传递的信息更多。所以,在沟通中,我们一定要注意调节自己的音色,把控好自己的语气,让自己的音色和语气包含更为丰富的内容。

例如,"我没有说他背后讲王总的坏话",重读"我""他""背后""王总"的效果是不一样的。

7. 空间距离

人与人之间的距离既指空间距离,也包括情感距离,这种距离受到个体之间由于相容关系不同而产生的不同的效果和影响。

美国人类学家霍尔把人际距离分为四种:亲密距离,0.45米以内,可感觉对方体温、气味、呼吸,适应于父子、夫妻之间;个人距离,0.45~1.2米,适应于朋友之间;社交距离,1.2~3.6米,适应于认识的人之间,多数交往发生在这个距离;公共距离,3.6~4.5米,适应于陌生人之间,上下级之间。

显然,人际距离的变化,是双方当事人沟通时,在肢体语言上的一种情感性的表示;彼此熟悉者,就亲近一点,彼此陌生时,就保持距离。如一方企图向对方接近,对方将自觉地后退,仍然维持相当的距离。

其实,在一般的正常社会交往里,你在与人交谈时,一般的距离就是1米左右,这也是一般人的安全心理范围。在社交过程中,如果你不注意空间上的距离,往往会给对方带来不愉快,而你可能还不自知,这就会给沟通带来麻烦。如商店营业人员促销过分热情,会使人反感等。当然,距离的范围是有弹性的,会随着周围情景的变化而改变。例如,在公交车上,当车上人很少的时候,你就不能站在一位女士的身边,否则她就可能认为你是小偷或者是色狼;而如果车上人很多时,这个距离就可以大大缩短。这种空间距离的掌控是很讲究艺术性的,需要我们在实践中不断摸索。

【故事】 曾国藩的识人术

清朝的曾国藩具有超乎寻常的识人术,尤擅长通过人的身体语言来判断对方的品质、性格、情绪、经历,并对其前途做出准确的预言。

有一天,李鸿章带了三个人拜见曾国藩,见面寒暄之后退出大帐。李鸿章事后问曾对此三人的看法。曾说:"第一人,态度温顺,目光低垂,拘谨有余,小心翼翼,乃一小心谨慎之人,是适于做后勤供应一类的工作。第二人,能言善辩,目光灵动,但说话时左顾右盼,神色不端,乃属机巧狡诈之辈,不可重用。唯有这第三人,挺拔而立,气宇轩昂,声若洪钟,目光凛然,有不可侵犯之气,乃一忠直勇毅的君子,有大将风度,其将来的成就不在你我之下。"曾国藩所指的那位大将之才,便是日后立下赫赫战功并官至台湾巡抚的淮军勇将刘铭传。

附1:沟通测试

测试目的:测试一下你的非语言沟通技巧。

测试题:

1. 在与人交流时,你会直视对方的眼睛吗?
   □是的   □不是

2. 交流中,你会利用手和胳膊做出手势吗?
   □是的   □不是

3. 你会转过身正对着和你说话的人吗?
   □是的   □不是

4. 与人交谈时,你会注意到自己说话的音量吗?
   □是的   □不是

5. 跟别人说话,你会尽量用愉快和合适的声调吗?
   □是的   □不是

6. 你会注意说话对象的面部表情,肢体动作吗?
   □是的   □不是

7. 在听他人说话时,你会保持安静,在他们表达自己的观点时不打断他们吗?
   □是的   □不是

8. 你会对谈话内容做出合适的反馈吗?
   □是的　　　　　□不是
9. 你会运用非语言暗示来表达自己的意识吗?
   □是的　　　　　□不是
10. 当你觉得谈话很愉快时,你会表达出来吗?
    □是的　　　　　□不是

附2: 案例研讨

案例:詹佳是汇金文化用品公司业务销售员,罗亚是美味食品公司的行政经理。当詹佳身穿一套藏青色西装,走进罗亚的办公室时,年近60岁的小个子罗亚正坐在一张很大的皮质沙发上看报纸,手臂和两腿都交叉着。

詹佳:(走近罗亚,伸出他的手)早上好,罗经理。很高兴见到你,今天你看上去特别精神。

罗亚:是的。你迟到了。

詹佳:刚才地铁出现了故障,害得我耽搁了,不过只是5分钟。

罗亚:(用手指摸了摸自己的鹰钩鼻,双臂抱得更紧了)那么好吧,我能为你做什么?

詹佳:我们公司刚进口了一批全新的文具,我想你们可能用得上。

罗亚:我就实话实说了,我们刚与红星文具社(汇金公司的竞争者)签了一份订单。

詹佳:(刚从牛皮公文包中拿出产品样本的手在颤抖,音调变高,声音变得结结巴巴)哦!听,听到这太遗憾了。我只是迟到了5分钟,我们在电话中都已经谈妥了,你们应该等着我来的,我们公司的定价比他们要低10%~15%。

罗亚:(突然松开交叉的手臂和大腿,手托着下巴,身体向前倾斜着)是吗?

詹佳:(自说自话地站起身来,眼睛紧盯着天花板,整了整藏青色西装)对不起,我想我已经错过了一次机会,既然你们已经下了订单,下次我们再谈吧,好吗?

不等罗亚回答,詹佳有礼貌地道了声"再见",径直走出罗亚的办公室。当詹佳离开时,罗亚刚站起的身子又重重地跌坐在沙发上,显得有些目瞪口呆。

问题讨论:

1. 詹佳在他的非语言行为中犯了什么错误?

2. 詹佳是否识别出罗亚的非语言暗示?

3. 如果你是詹佳的话,你会如何与罗亚沟通?每两个学生分别扮演詹佳与罗亚。

第七章 有效倾听

从小到大,我们受到的教育中,关于"说话"的部分并不算少。比如作文、演讲,都是在教你如何表达自己的思想。然而,大家似乎都忽略了另一个重要内容:听。每个人都希望获得别人的尊重,受到别人的重视。当我们专心致志地听对方讲时,对方一定会有一种被尊重和重视的感觉,双方之间的距离必然会拉近。

第一节 倾听的含义与作用

"倾听"现代汉语释义为"细心地听取"。倾听与言说是人们言语交际的两种基本行为,二者构成了日常言语交际的基本前提和基本结构。所谓倾听就是通过视觉、听觉来接受、理解说话者信息、情感和思想并伴随着充分尊重和积极回应态度的一种情感活动过程。它既是一种言语交际行为,也是一种心理情感活动。

美国语言学家保尔·兰金等认为,人们在日常交往中,言语实践的使用情况是:听占45%,说占30%,读占16%,写占9%。也就是说,人们有近一半的时间在听。倾听不但是人们获取知识、信息的重要途径,而且也是人们交流思想、情感的有效方式;倾听不仅仅是用耳朵听,更是要用全部心身投入说话者的话语情境中,既能理解其言语信息的意义,又能理解其手势、体态、表情等非言语信息的含义。倾听的作用主要体现在以下几个方面:

1. 人人都需要被倾听和了解

苏格拉底说,上天赐予人以两只耳一张嘴巴,是希望人多听少说。心理学理论揭示:没有人能控制住不让自己的心声从话语中流露出来。心理学家的实验统计表明:一般人思考的速度为每分钟1 000~3 000字,说话的速度为每分钟120~180个字,而听话的速度要比说话的速度快约5倍。如果一个人能在1分钟内讲150字,那么,他就可以在1分钟内听750字。《哈佛商业评论》说："听，其实是我们有待开发的潜能。"说得越少，听到的就越多。只有很好地听取别人的讲话，才能更好地说出自己要表达的思想。倾听其实是一种幸福。倾听父母那喋喋不休的唠叨，倾听晚辈的诉说，倾听朋友同事的喜悦和烦恼，都是一种爱意的释放。

2. 倾听是人际交往中必备的重要素质之一，是衡量人际沟通成功与否的标志

善于倾听比善于交谈更重要。"听"的繁体字为"聽"。这个字由耳、目、心、王构成，可以看出汉文化背景下古人对"听"字的含义和"听"这一行为的理解：要用耳朵去听；要四目相对，用眼睛去阅读说话者的手势、表情和体态语言；要一心一意去听，用心去接受、理解、思考话语信息的含义；要尊重对方，视对方为王者去听。西方有一句俗语："雄辩是银，倾听是金。"美国著名的教育家、演讲家戴尔·卡耐基，曾不止一次地告诉他的学员："做一个听众往往比做一个演讲者更重要。"善于倾听是一种美德。善于倾听的人往往会给人留下礼貌、大度、尊重人、理解人、易相处的良好印象。"野马之父"亚科卡先生在他的自传中写道："我只盼望能找到一所能够教导人们怎样听别人讲话的学院。专心听别人讲话，是我们给予别人最大的尊重、呵护和赞美。会说，显示的是你的能力；会听，显示的是你的修养。"善于倾听是成功人士的重要标志。有关研究表明，商界60%左右的误会可以从不善倾听方面找到根源，而来自笔误的误会仅1%。日本经营之神松下幸之助从一个脚踏车学徒，到指挥近百万人的跨国企业总裁，在接受哈佛大学教授的访问中，被问及"请用一句话概括经营诀窍"时，他的回答是："细心倾听他人的意见。"国际倾听协会的统计数据表明，世界500强企业中，70%的公司设立了倾听训练课程。

3. 倾听是了解别人的最好方式

倾听是表示对说话者的礼貌、尊重和给面子，说话者也会因此而喜欢、信赖并乐意与倾听者交往。倾听是了解对方需要、发现事实真相、减少误解、增进信赖与合作的最重要也是最简捷的手段与途径。比如，商务谈判中，对方在陈述观点或回答问题时，不可能没有漏洞，在一定程度上会暴露自己的需要，这时倾听使你能真实地了解对方的立场、观点、态度，了解对方的沟通方式、内部关系、对方成员间的意见分歧等，可以帮助你获得第一手资料和丰富的感性认识，修正可能存在的错误，甚至在谈判不利的情况下，可以转守为攻。

4. 倾听可掩盖自身弱点，避免不必要的误会

倾听能激发说话者的谈话欲，让说话者觉得自己有价值，会愿意说得更多；倾听能增进谈话双方的友谊和信任。善听才会善言。

第二节　倾听的障碍

倾听的障碍主要包括：

1. 唐突地打断别人

总是习惯于打断他人，试图用自己的话去表达说话者要表达的意思，或者不注意说话者的各种非语言信息而急于发表自己的意见。

2. 对说话者抱有成见

情感和态度上不喜欢说话者，推测说话者不可能了解情况、话语信息不真实，或介意说话者的语言习惯和动作特点，因而不会认真倾听。

3. 思维定式障碍

以自我为中心，喜欢听与自己观点一致的意见，不喜欢听不同意见。不论别人讲什么，总喜欢用自己的经验去验证，用自己的方式去解读。

4. 倾听内容失真

因各种主客观条件的影响，倾听者将主观理解和判断加入倾听内容中去，使原有的信息发生失真和丢失，或只关注话语内容的细节而丢了主题思想。

5. 心理生理障碍

倾听者兴趣不浓、情绪不好、精神疲惫、体力较差、身体疾病等心理生理问题都会影响有效倾听。

6. 没法听清楚

说话者言语表达不清，或者主观上缺乏表达欲望，或语速过快，或使用方言、职业性专业性很强的语言，或信息太多，或口语与体态语不符，导致倾听者没法听清楚，或不能正确理解话语的含义。

7. 外界环境分散注意力

外界环境中的声音、气味、色彩、光线、地点及一些相关语境都会影响倾听者的注意力集中、对事物的感知程度及信息接收的完整性。

第三节 倾听的基本要求

1. 倾听前准备

要保证倾听的有效性，首先要与说话者建立信任关系，明确倾听的目的，排除外界干扰，选择和营造良好的倾听环境，选择不易受干扰的、沟通双方感觉平等的适当地点，保证沟通的足够时间，保持虚心、平和的情绪状态及正确的态度。

2. 注意力集中

集中注意力，保持良好的精神状态是倾听的基本要求。专心倾听，是对说话者的一种尊重和鼓励，可以使其感到讲话的重要性和必要性。在倾听时，眼睛注视说话的人，不要东张西望，不要做小动作，不要打哈欠、伸懒腰、看手表，不要打手机、上网、看电视，不做其他事，注意力集中在谈话的内容上。倾听者不仅思维要高度集中，而且要善于通过细心体察对方的神态、表情、姿势以及声调、语气等非语言符号传递的信息，全面准确地把握对方话语的真实意义和要点。

3. 反应积极

倾听者面无表情、目不转睛、一声不吭、毫无反应地盯着说话者，会使说话者怀疑倾听者是否真的在听，或认为自己的讲话有什么不妥而深感不安。因此，倾听时，应根据话语情景，通过微笑、点头、应答、插入提问等方式，对说话者的信息内容做出积极反应，使说话者和倾听者之间形成心理和行为上的默契，产生良好的沟通效果。

4. 既要善于倾听言语中的基本信息和话语中心，又要善于听弦外之音

言语中的基本信息和话语中心描述的主要事件是什么？表达了什么样的欲望和需求？基本观点是什么？代表什么样的思想状态和情绪？等等。要善于从说话者的话语层次、手势体态、情绪流露中去抓住话语的要点和中心。还要善于倾听言语背后掩盖的内容和情感，了解说话者的真实想法和感觉，真正听懂说话者的意图。

5. 不要轻易打断对方讲话

在倾听对方谈话时，应该认真地听完，并正确领会其真实意图。如果没有听明白，或想进一步了解情况，或想提出不同意见，应该等对方把话讲完后再插话，而且应使用礼貌的语言，如"请允许我打断一下""请让我提个问

题，好吗"等。经常随意打断对方谈话，是不礼貌的表现；经常随意打断对方谈话的人，只能让人生厌。

6. 不要轻易得出结论

不要中间打断说话者而急于发表自己的观点或下结论，不要当场批评，更不要和说话者进行争辩。善于倾听的人，等对方讲完才会表达自己的观点。

7. 倾听的回顾与反思

回顾倾听前的准备、倾听过程中技巧的运用，整理记录相关信息，验证倾听结果与讲话者真实意图及观点的一致性，反思在倾听过程中哪些方面做得好，哪些方面需改进。

第四节　倾听的基本技巧

倾听的技巧不是自发形成的，它可以在言语交际活动中逐步获得，在严格训练中逐步提高。

1. 创造倾听的机会

指倾听者不讲话、少讲话，尽量多给说话者说话的机会，尽量减少倾听者个人的反应，真正关注说话者，使其保持积极的讲话状态。可以采用以下三种技巧：一是通过鼓励说话者创造倾听机会。倾听者可以使用表示赞同和鼓励的口语化语言"嗯"，通常表达"我在听呢，请继续说吧"；"对""是""是啊"等，表示"你说得对，往下说吧"；"哦""真的啊""还有这事儿"等，表示"原来是这样，我还不知道呢，请你说吧"；"呃""对""是的""噢""讲得好""真有意思""增长了知识"等，表示赞同说话者的陈述；"说来听听""我们一起来讨论讨论""我想听听您的想法"等，表示鼓励说话者谈论更多的内容；"你可以再多介绍一些吗？""你是否觉得……"等，表示追问或确认某些问题，鼓励说话者继续说下去。尤其是面对没有经验、不善言说的说话者，还需要用微笑、目光等肢体语言表示呼应，显示出倾听者对谈话的兴趣，鼓励说话者讲下去。二是通过理解说话者创造倾听机会。倾听时要适时做出反馈性的表示，例如，欠身、点头、摇头、摆手或重复一些较为重要的句子，或提出能启发说话者思路的问题，使说话者产生被重视、被理解的感觉，形成融洽的沟通氛围。三是通过暗示说话者创造倾听机会。有时倾听者在简明地表达自己的意见以后，可以暗示说话者转变话题，如"我很想听听您在这方面的高见""请问您在这方面的意见如何？"从而把发言的机会让给说话者。

2. 让说话者轻松

最好不要坐在说话者对面的椅子上，应坐在说话者旁边；用点头、微笑、目光注视、眼神、面部表情及前倾姿势，传递"我正在倾听"的信息，或表示理解和同意说话者的想法及观点；适当提问或稍加评论，表明"我对话题很感兴趣"。一般而言，当表达关注、支持时，倾听者的视线应集中在以说话者眼睛为底线、胸口为顶角的三角区域内，目光温和亲切；当表达期待、鼓励时，倾听者的视线应集中在以说话者双眼为底线、嘴为顶角的三角区域内；当表达疑惑时，倾听者的视线应集中在以说话者双眼为底线，额头中心为顶角的三角区域内。倾听者的面部表情应符合谈话的内容及谈话者情绪，语音语调柔和、坚定、有控制力，并尽可能与说话者语音语调一致。如资深记者在采访过程中，为了让被访者轻松，总是与被访者保持良好的目光接触，眼睛看被访者的时间占采访时间的40%~60%，一般只看被访者的眼部到嘴部的三角区域，不看被访者的额头，不抱臂、不跷腿，面对被访者，身体向前倾斜。

3. 注意倾听中回应的技巧

倾听中有六种不同的回应方式：

（1）评价式回应。倾听者能全面、公正、客观、中肯地评价说话人及说话人的话语价值和思想。

（2）碰撞式回应。帮助说话者澄清想法、疏导感情、解决矛盾。

（3）转移式回应。从说话者混乱的话语层次、复杂的手势体态、非理性的情绪流露中，抓住说话人的话语中心和要点，将谈话焦点转移到主题上来。如当说话者的谈话离题太远时，倾听者可以有礼貌地说："这些问题的确很重要，是不是下次再详谈。现在，我想听清楚刚才你说的那个问题是怎样发生的……"又如当客户的谈话内容完全离开了沟通目的时，可以说："很高兴聆听您的高见，您看今天我们可以谈多久呢？（得知时间之后）我想在这1小时的时间里，谈两件事情：第一，我想先了解一下您的需求和实际的想法；第二，我想针对您的需求，介绍一下我们的产品将带给您的好处。您看可以吗?"

（4）提问式回应。说话者表达的信息不完全、不准确时，倾听者要采用提问方式予以回应，通过提问澄清和确认信息内容。如某总经理在听完销售部经理关于市场拓展问题的汇报后，问："你的部门有发展规划吗？是几年的发展规划？你的规划有专家的可行性论证吗？按你的规划实施赢利的可能性有多大？存在哪些风险和困难，你打算怎样克服这些困难?"

(5) 重复式回应。倾听者没有完全听清楚说话者的意思或产生了歧义，这时倾听者要把听到的话重复或解释一遍，并询问说话者这样理解是否正确。如说话者："我尽心尽力地工作，总想使业绩大幅提高，但公司领导总是什么事都不敢放手让我去做。"倾听者："你似乎没有得到足够的支持。"又如说话者："我们的项目经理辞职了，市场竞争又非常激烈，短期内项目很难见效益，公司目前资金也比较紧张，让我们看看这个项目怎么办？"倾听者："你的意思是说这个项目很难再运作下去了？"重复式回应常用的句型有："根据我的理解，你说的意思是……""所以你的观点是……""在您看来……""我听起来，您的意思是……""我不能保证已经理解您的意思，您的意思是……"等等。

(6) 平静式回应。当说话者表达某种感情或感觉显得很情绪化时，倾听者应积极给予回应，帮助其克服情绪障碍，降低感情强度。例如，说话者讲到兴奋之处，倾听者可用"太有意思了""真有趣"等语言来回应；讲到伤心之处，可用"真是太难为你了"等语言来回应；当说话者的观点与倾听者的看法基本一致时，可用"你说的没错""我也有同感"等语言来回应；当倾听者不赞成说话者的观点时，可用沉默或"你也许是对的""我不完全赞同你的观点""以后再交换看法"等语言来回应。

4. 控制情绪

倾听者不要随意表决"这个意见很好""我同意这个方案"，不要随便表现喜怒情绪，不要与说话者吵闹。可以说"您还有没有其他意见？""是不是大家都同意你的意见？"尽量表现中和、中间态度。不要轻易否定说话者的观点或陈述。

5. 关注说话者的非语言行为

倾听者不仅要注意说话者的语言，更要关注说话者的声音大小、音调、语速及面部表情、姿势等肢体语言所表达的含义，这些非语言符号所传递出来的大量信息，其含义远比单纯的语言信号要丰富得多。如叩桌子就是"没招了"的意思；抖腿表明情绪紧张、焦虑；摸座位扶手表示"我真想站起来""我真不想跟你谈了"；摸鼻子表示"我不想说真话""我想遮住我的嘴"；玩茶杯表示谈判想成功或急着谈成功；双臂交叉表示"我好怕"；手插裤袋表示紧张不安，有顾虑和压力，不想讲话，想把秘密隐藏在口袋里；两手手心向上，表示留客；两手手心向下，表示送客；扬眉表示不太相信；耸肩表示无奈等。倾听者还必须与说话者保持适当的距离。倾听者应依据与说话者的人际关系选择适当的人际距离。

6. 用同理心去倾听

同理心是 EQ（情商）理论的专有名词，是指正确了解他人的感受和情绪，将心比心，同样时间、地点、事件，把当事人换成自己，也就是设身处地去感受、去体谅他人，进而做到相互理解、关怀和情感上的融洽。

由于人与人之间的差异：教育背景、文化、经验、阅历、立场、价值观、性格、性别差异等，不同人的大脑接收到同样的信息会产生不同的反应。多数女性谈到逛街的时候，想到的是休闲和快乐，而很多男性常常感到无聊和疲劳；急性子的人谈到高速度的时候，想到的是高效率，而慢性子的人想到的则是浮躁和冒险；销售员接到临时订单的时候，想到的是利益和提成，而车间主任想到的则是修改生产计划和麻烦。因此，沟通时将心比心，换位思考，设身处地为对方着想就显得非常必要。只有转换你的角色，真诚地为别人着想，你才能从对方的角度分析出问题所在，你的话语才能让对方感同身受，才能打动他，最终实现沟通目的。

【案例】 乔·吉拉德是美国著名的汽车推销员，在密歇根州雪佛兰汽车销售店从事汽车销售工作，连续12年荣登吉尼斯世界纪录大全全世界汽车销售第一的宝座，连续12年平均每天销售6辆汽车。据乔·吉拉德回忆，他也有因为不注意倾听而丢单的时候。在一次推销中乔·吉拉德与客户洽谈顺利，就在快签约成交时，对方却突然变卦了。当天晚上，按照顾客留下的地址，他找上门去求见客户。客户见他满脸真诚，就实话实说："你的失败是由于你没有自始至终听我讲的话。就在我准备签约前，我提到我的独生子即将上大学，而且还提到他的运动成绩和他将来的抱负。我是以他为荣的，但是你当时却没有任何反应，甚至还转过头去用手机和别人通电话，我一怒之下就改变主意了。"此番话重重提醒了乔·吉拉德，使他领悟到"听"的重要性，如果不能自始至终"有效倾听"客户讲话的内容，了解并认同对方的心理感受，就有可能会失去自己的顾客。

英国有句谚语："要想知道别人的鞋子合不合脚，穿上别人的鞋子走一英里[①]。"同理心沟通，没有更多的技巧，就是以心换心、换位思考。在同样时间、地点、事件里，把当事人换成自己，设身处地去感受、去体谅他人，就是同理心。

---

① 1 英里 = 1 609.344 米。

附1：沟通测试

目的：测试一下你的倾听技巧。
评分标准：总是这样（4分）、通常是这样（3分）、有时（2分）、从不（1分）。
测试题：
1. 我在听别人讲话时，表现安定，能完全控制住自己的身体。
2. 我直视讲话者，对目光交流感到舒服。
3. 我关心的是讲话者说什么，而不是担心我如何看或者自己的感受如何。
4. 欣赏对方讲话时我面带微笑，显示出活泼的面部表情。
5. 我能用自己的话把听到的信息复述一遍。
6. 我以点头来鼓励讲话者随便说或以一种支持、友好的方式来听他的讲话。

说明：
14分以上：说明你的非语言性技巧非常好。
10~14分：说明你处于中间范围，应该做一定的改进。
10分以下：请你认真学习倾听技巧。

附2：案例研讨

案例：一天美国著名主持人林克莱特访问一名小朋友，问他："你长大了想当什么呀？"小朋友天真地回答："我要当飞机驾驶员！"林克莱特接着问："如果有一天，你的飞机飞到太平洋上空，所有引擎都熄火了，你会怎么办？"小朋友想了想说："我先告诉飞机上的人绑好安全带，然后我挂上我的降落伞，先跳下去。"当现场的观众笑得东倒西歪时，林克莱特继续注视着这孩子，没想到，接着孩子的两行热泪夺眶而出，这才使林克莱特发觉这孩子的悲悯之情远非笔墨所能形容。于是林克莱特问他："为什么要这么做？"小孩子的回答透露出一个孩子的真挚想法："我要去拿燃料，我还要回来！我还要回来！"主持人与众不同之处，在于他能够让孩子把话说完，并且在现场的观众笑得东倒西歪时，仍保持着倾听者应该具有的一分亲切、一分平和、一分耐心，让林克莱特听到了这名小朋友最善良、最纯真、最清澈的心语。

读完这篇短文，谈谈主持人林克莱特善于倾听的独特之处在哪？你打算如何提升你的倾听能力？

第三篇

第八章 人际风格沟通

我们在工作生活中，会遇见不同类型的人。物以类聚，人以群分。两个风格相似的人沟通起来效果会非常好，两个风格不搭调的人沟通就显得困难一些。只有了解不同人在沟通过程中不同的特点，努力适应对方的沟通风格，才有可能用相应的方法与其沟通，这样才能保证在沟通过程中游刃有余，从而达到预期的沟通目标。

第一节 人际风格的四种类型

美国南加州大学统计科学研究中心及科罗拉多大学行为科学研究所有一项发明专利，称为PDP测评工具。PDP（Professional Dynametric Program）测评工具被誉为全球覆盖最广、精确度最高的"领导风格探索诊断系统"，也是知名企业在人才招聘及管理上的常用评估工具。这项研究依据一个人在沟通过程中行为举动是否主动被动、情感流露是否外向内向，将人的行为风格分为四种类型：

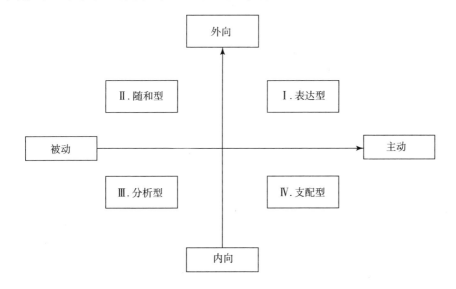

人际风格研究告诉我们：人的行为源于一种社会取向，由每个人早期生活经验的固化所形成；每个人占主导地位的作风是不能轻易改变的；你的为人处事的方法只是你的一部分；尊重别人的个性，宽容别人的态度，是你的选择。

我们需要做的就是尊重别人的个性、认同别人的态度，积极调整自我，适应对方。

沟通风格与人的个性、价值观、认知、文化背景等有一定的联系，而且逐渐成为一种习惯性的行为，成为与人交往的"舒适区"。"金无足赤，人无完人"，每一种沟通风格都有其潜在的动力，若要持续保持并不断开发需要精心培育；反之，每一种沟通风格都有其潜在的阻力或弱点，若想获得沟通成功，你必须减轻或避免其阻力带来的负面效应。较为有效的方式是：不要轻易改变自己的沟通风格，但可以尝试打破你的"舒适区"，适度调整自己的沟通风格，向你的沟通对象靠拢接近。在沟通交往的过程中，改造对方是没有任何价值的，只有懂得经营性格的差异，理解和宽容对方与自己的不同之处，才能促成良好沟通。

【案例】 A 问 B 的一段对话

A 问 B："现在是什么时间了？"

B 回答："很晚了。"

A 有些吃惊，说："我问的是时间！"

但 B 仍然坚持说："到了该走的时间了。"

A 有些不耐烦了："喂，看看我的嘴，告诉我现在的时间！"

B 同样不耐烦了："5 点刚过！"

A 很不高兴，大吼道："我问你的是具体时间，我要明确的回答！"

怎料到，B 自以为是地说："你为什么总要这么挑剔呢？"

可见，不同行为风格的人之间差异不容忽视，往往由于一件小事，就有可能造成很大的误会和矛盾。

对于同一件事，不同行为风格的人叙述结果也会不同。例如，某人向路人询问票务中心的位置，路人 A 的回答可能是"走到大厅尽头，左转，穿过商店的大门就会看到一个中餐厅，再往前面走 5 米，在右边可以看到一个商务中心，进去之后左边那个柜台就是订票的"；路人 B 的回答可能是"你沿着大厅走到头，然后左拐，再一直走，在右边肯定可以找到"。两个人的回答差异来源于不同的思维和行为倾向，也就是行为风格本质的不同。

因此，只有了解了他人的性格本质和沟通风格，沟通才能顺利进行。"先修己而后修人"是中国传统文化中为人处世的一贯思路。不同沟通风格的人之间的差异是客观存在的，每个人都应该在认识和尊重这种差异性的基础上进行沟通，这样才能构建良好的人际关系。

第二节　人际风格的特征与沟通建议

一、表达型

1. 主要特征

（1）乐于表达感情，表情丰富而夸张，动作迅速，声音洪亮，话多，灵活，亲切。

（2）精神抖擞，充满激情，有创造力，理想化，重感情，乐观。

（3）凡事喜欢参与，愿意与人打交道，不甘寂寞，害怕孤独。

（4）追求乐趣，敢于冒险，喜欢幻想，衣着随意，乐于让别人开心。

（5）看问题习惯"只见森林，不见树木"。

（6）表达与做事通常缺少条理，喜欢发表长篇大论，时间不规律，多变，精力容易分散。

2. 沟通需求

（1）希望公众的认可和鼓励，喜欢热闹的环境。

（2）民主的关系，友好的气氛。

（3）渴望表达自己的自由。

（4）有人帮助实现创意。

3. 沟通建议

（1）你要声音洪亮，表现出充满活力，精力充沛。热情，微笑，与之建立良好的关系。

（2）要有大胆创意，提出新颖独特的观点，并描绘前景。

（3）着眼于全局观念，而避免过小的细节。

（4）如果需要书面沟通，则要简单扼要，重点突出。

（5）讨论问题反应迅速及时，并能够做出决策。

（6）身体语言夸张，加强目光接触，表现出你积极配合的态度。

（7）给他们时间说话，并适时地称赞他们，经常确认及简单地重复。

（8）要明确目的，讲话直率，用肯定而不是猜测的语气，注意不要跑题。

（9）重要事情一定以书面形式与其确认。

二、随和型

1. 主要特征

（1）重视建立人际关系，待人忠诚热心，关心别人，喜欢与人打交道。

（2）耐心，有较强的自制力，表达和动作速度慢，能够帮激动的人冷静下来。

（3）体态语言少，面部表情自然而不夸张。

（4）不喜欢采取主动，害怕冒险，只要合情合理，都愿意接受。

（5）是出色的听众，迟缓的决策人，对别人的意见持欢迎态度，并善于将不同观点汇总后被各方面的人接受。

（6）富于同情心，并愿意为之付出代价，由于害怕得罪人，而不轻易发表自己的意见。

（7）衣着随意，喜欢唠家常及谈论闲闻逸事，时间利用不规律。

2. 沟通需求

（1）安全感及友好的关系。

（2）真诚的赞赏及肯定。

（3）习惯传统的沟通方式，规定好的程序。

3. 沟通建议

（1）热情微笑，营造友好气氛，使之放松，减轻压力感，避免高傲的姿态。

（2）放慢语速，以友好但非正式的方式，如可以谈谈生活琐事，特别是关于你的个人情况。

（3）提供个人帮助，找出共同点，建立信任关系，显示谦虚态度。

（4）讲究细节，从对方角度理解，适当地重复他的观点，以示重视。

（5）决策时不要施加压力，不要过分催促。

（6）当对方不说话时，要主动征求意见，对方说话慢时，不要急于帮对方结束讲话。

（7）避免侵略性身体语言，身体略向后倾。

三、分析型

1. 主要特征

（1）天生喜欢分析，情感深刻而沉稳，办事仔细而认真。

（2）不轻易流露自己的情感，面部表情少，说话时手势少，表达动作速度慢。

（3）观察力敏锐，会问许多具体细节方面的问题，考虑问题周密，追求完美，做事条理清晰。

（4）沉沦于个人的经验，容易保持沉默，少言寡语。

（5）对日常琐事不感兴趣，衣着讲究正规。

（6）对于决策非常谨慎，过分地依赖材料和数据，阐述观点时，喜欢兜圈子。

2. 沟通需求

（1）需要安全感，确保万无一失。

（2）对自己和别人都要求严格，甚至苛刻。

（3）喜欢较大的个人空间，害怕被人亲近。

3. 沟通建议

（1）你要遵守时间，不要寒暄，尽快进入主题，要多听少说，做记录，不随便插话。

（2）不要过于亲热友好，尊重他们对个人空间的需求，减少眼神接触的频率和力度，更要避免身体接触。

（3）你不要过于随便，公事公办，着装正统严肃，讲话要用专业术语，避免俗语。

（4）摆事实，并确保其正确性，信息要全面具体，特别要多用数字。

（5）沟通前做好准备，考虑周到全面，语速放慢，条理清楚，并严格照章办事。

（6）谈具体行动和想法，而不谈感受，同时要强调树立高标准。

（7）避免侵略性身体语言，如阐述观点时身体略向后倾。

四、支配型

1. 主要特征

（1）有明确的目标和追求，精力充沛，身体语言丰富，动作迅速而有力，通常走路速度和说话速度都比较快。

（2）喜欢发号施令，当机立断，不能容忍错误，不在乎别人的情绪和别人的建议，也不表露自己的情绪。

（3）最讲究实际，是决策者，冒险家，喜欢控制局面，是个有目的的听众。

（4）冷静独立而任性，自我为中心，是个优秀的时间管理者。

（5）也关心别人，但他们的感情通过行动而不是语言表达出来。

2. 沟通需求

（1）直接、准确的回答。

（2）有事实、有依据的，大量的新想法。

（3）高效率，明显的结果。

3. 沟通建议

（1）直接切入主题，不用寒暄，多说少问，用肯定自信的语气交谈。

（2）充分准备，实话实说，而且声音洪亮，加快语速。

（3）行动要有计划，计划要严格高效。

（4）处理问题要及时，阐述观点要强有力，但不要挑战他的权威地位。

（5）重点描述行动结果，而不谈或少谈感受。

（6）给他提供两到三个方案供其选择，他讨厌别人告诉他应该怎么做。

（7）增强眼光接触的频率和强度，身体前倾。

五、整合型

整合型的人，是支配型、表达型、随和型、分析型四种特质的综合体，没有强烈的个人意识形态，没有突出的个性，擅长整合内外信息，兼容并蓄，不会与人为敌，以中庸之道处世。他们处事圆融，弹性极强，处事处处留有余地，行事绝对不会走偏锋极端，办事让人放心。

整合型的人中庸而不极端，凡事不执着，韧性极强，擅于沟通，是天生的谈判家，他们能充分融入各种新环境、新文化且适应性良好，在他人眼中会觉得他们"没有个性"，他们懂得凡事看情况看场合。对事也没有什么强烈的个人意识，事事求中立并倾向站在没有立场的位置，故在冲突的环境中，是个能游走折中的高手。由于他们能密切地融合于各种环境中，他们可以为组织进行对内对外的各种交涉，只要任务确实和目标清楚，他们都能恰如其分地完成其任务。整合型人具有高度的应变能力，性格善变，处事极具弹性，善于在工作中调整自己的角色去适应环境,具有很好的沟通能力。

【案例】 小李与经理

某日,经理让小李草拟一份文件。小李接到任务后,加班加点,反复斟酌和修改,终于延迟一天完成了,送到了经理手上。经理拿过来一看,说了句:"不清楚嘛,去搞清楚一点。"小李很沮丧,回来继续修改,更加详细地描述了方案的各种细节。再次递到经理那里,结果,经理非常恼火:"你做了两遍了,现在搞得更加不清楚,怎么回事?!"小李非常的委屈,心里想:我已经做得很详细了呀,怎么还说不清楚呢?

其实,这里面,两个人都没有了解对方的行为风格,导致沟通不畅。从经理的说话方式上可以看出,他是属于支配型的领导。看文件需要简明扼要,提纲挈领。而小李,他属于分析型特质,写材料做事情,要求细致完美,也才会加班加点,可见做得足够细致,应该是他自己也觉得满意之后才递交的,否则不会拖延一天。

而实际上的结果是,文件送到支配型的领导手里,因为太细致了,没有直接看到他想要的最主要的东西,也就是重点不突出、行动结果不明显,所以这位领导说"不清楚"。

可是,对于小李来讲,"不清楚"的意思是还不够细致,那么再次修改的时候,他就会做得更加细致,结果可想而知,就是领导认为,更加不清楚了。

结果毫无疑问,领导和小李两个人都不开心。

大家一定感觉这是沟通问题。其实,这是不了解对方行为风格才出现的沟通问题。实际上,要达到良好的沟通效果,前提是要用对方听得懂的语言与其沟通。是否听得懂,就要考虑到对方的行为风格特质是什么,不同特质的人,适合的沟通方式应该是不同的。

附1:沟通测试

测试目的:测试一下你的沟通风格。

评分标准:非常同意,5分;比较同意,4分;差不多,3分;有一点同意,2分;不同意,打1分。

测试题:

1. 你是一个值得信赖的人吗? 2. 你个性温和吗?
3. 你有活力吗? 4. 你善解人意吗?

5. 你独立吗？
6. 你受人爱戴吗？
7. 你做事认真且正直吗？
8. 你富有同情心吗？
9. 你有说服力吗？
10. 你大胆吗？
11. 你精确吗？
12. 你适应能力强吗？
13. 你组织能力好吗？
14. 你是否积极主动？
15. 你害羞吗？
16. 你强势吗？
17. 你镇定吗？
18. 你勇于学习吗？
19. 你反应快吗？
20. 你外向吗？
21. 你注意细节吗？
22. 你爱说话吗？
23. 你的协调能力好吗？
24. 你勤劳吗？
25. 你慷慨吗？
26. 你小心翼翼吗？
27. 你令人愉快吗？
28. 你传统吗？
29. 你亲切吗？
30. 你工作足够有效率吗？

说明：把第5、10、14、18、24、30题的分加起来就是你的"老虎"分数。

把第3、6、13、20、22、29题的分加起来就是你的"孔雀"分数。

把第2、8、15、17、25、28题的分加起来就是你的"考拉"分数。

把第1、7、11、16、21、26题的分加起来就是你的"猫头鹰"分数。

把第4、9、12、19、23、27题的分加起来就是你的"变色龙"分数。

假若你有某一项分远远高于其他四项，你就是典型的这种属性，假若你有某两项分大大超过其他三项，你是这两种动物的综合；假若你各项分数都比较接近，恭喜你，你是一个面面俱到近似完美性格的人；假若你有某一项分数特别偏低的话，想提高自己就需要在那一种动物属性的加强上下功夫了。

附2：案例研讨

案例： 经过3年的磨炼，彭志欣已经成长为东海汽车轴承有限公司的销售经理助理。彭志欣仍然衣冠楚楚，风度翩翩，但是显得成熟了许多。他准备与可能成为关键客户的长江汽车饰件有限公司的李总约定见面时间。李总乃是当初的采购部经理李海洋，他工作努力，去年从一家著名的国际工商管理学院的EMBA班毕业，使原本毕业于复旦大学工程数学专业的他，增加了许多现代管理与营销理念的技能。原来的总经理任期满后调任亚太区总裁，董事会经过讨论任命李海洋担任长江汽车饰件有限公司的总经理一职。李总处事严谨而不失风趣，讲究数据但是不拘泥于数据，稳重而又敢于拍板。

而彭志欣与李总的行政助理梅先生已经改了两次日程表，第一次是李总出国了，第二次是参加临时董事会，现在正在与李先生商定第三次约会的时间。

梅先生在电话中告诉彭志欣："如果你能够在16：50到我们公司的话，或许我可以安排你与李总见面，但是你千万不能迟到，一定要分秒不差。若我是你的话，我肯定会将各种资料准备齐全，尤其是贵公司的报价，产品的销量，已购买该产品的公司与厂家，还有技术指标等参数都要一一准备。李总想尽快结束这桩生意，因为他要出国参加一个第二世界国家建造汽车工厂的招标活动。B公司（竞争者）的副总经理洪先生已经来过了，但是他们没有将李总的要求给予回复，这也是李总愿意见你的原因……我们李总曾经……"

问题讨论：

1. 你能够推测李总的个性特征与沟通风格吗？
2. 你能够推测梅先生的个性特征与沟通风格吗？
3. 你打算如何通过提问来强化对李总的认识与了解？

第九章　如何与领导沟通

大多数的人都有自己的领导。只是人们的叫法不一样，有的叫"领导"，有的叫"老板"，有的称"上司"。对你的领导，你可能把他当成你的朋友，也可能把他当成你的"敌人"。但无论如何，领导毕竟是领导，如何与领导沟通，与领导建立良好的人际关系，是你做好工作，获得领导认可，进而取得事业成功的重要前提。

第一节　与领导沟通需要的态度

1. 坦诚相待，主动沟通

在工作中，要得到领导的肯定和支持，很重要的一点是要让领导感受到你的坦诚。工作中的事情不要对领导保密或隐瞒，要以开放而坦率的态度与领导交往，这样领导才觉得你可以信赖，他才能以一种真心交流的态度与你相处。如果没有让领导感受到你的坦诚，即使你再努力，也没用。

与领导沟通，主动的态度同样十分重要。对下属来说，工作时间不长、阅历不深，工作热情高，富有开创性，对工作能够提出一些设想和建议，但往往摄于周围人际环境的压力，主观上不能与领导进行有效沟通。自己的设想和建议得不到领导的了解和采纳，就不能使自己的才华得到发挥，因此，不与领导主动沟通，会使你丧失展示才华、取得成功的机会。

【故事】 狄仁杰进谏武则天

武则天是个佛教徒，她热衷于铸造佛像，而铸造佛像的铜铁价格却十分昂贵。这么多钱从哪里来呢？武则天想到了一个好办法：使天下僧尼日出一钱以助其功。狄仁杰听说这件事后，马上谏阻。他倒不是同情僧尼，而是担心老百姓因此而增加负担。他给武则天分析说，不会生产耕作的僧尼怎么会有钱呢？天上掉不下来，水里淘不出来，他们的钱财最终还是来自最底层的老百姓的口袋。狄仁杰的意思是，寺庙里的和尚、尼姑会堤内损失堤外补，在捐款之后，借化缘和做法事从百姓香客的口袋里多掏银子。所以他建议皇帝不要干这种间接加重人民负担的事情。他还拿梁武帝、简文帝父子俩的事例来警醒女皇：这俩皇帝天天兴建寺庙，不问国事，结果在国家危亡时刻，寺庙的和尚也没有一个来助王的。武则天听了这番话后，一点都没有怪罪狄仁杰，反而愉快地接受了他的建议："公教朕为善，何得相违。"

后来，狄仁杰成了朝中重臣、武则天的宰相，事业达到了其职业生涯的最高峰，这离不开他一贯耿直、忠诚的品质和处理事务的能力及复杂处境中的灵活性。他对武则天衷心辅佐，所以他死后，武则天不无伤感地说："朝堂空矣！"

2. 了解内心，换位思考

我们只有了解领导的个性心理，才方便沟通。领导者首先是人，作为人，他有他的性格、爱好，也有他的作风和习惯。对领导的个性有清楚的了解，不能认为是为了庸俗地"迎合"领导，而是为了运用心理学规律与领导进行沟通，以便更好地处理上下级关系，做好工作。人性中有一种最深切的秉性，就是被人理解的渴望。你可以请领导畅谈他值得骄傲的东西，请他指出你应该努力的方向，你要恭恭敬敬地掏出笔记本，把他谈话的要点记录下来。这样做会引起他的好感，他会觉得你是一个对他真心钦佩、虚心学习的人，是一个有培养前途的人。

即使是自己不喜欢的领导，你也要给予适度的尊敬。下属应该明白，上级之所以把他安排在这个岗位上，一定有原因。现实中有太多的时候，我们并不了解对方。领导者所做每一件事情，都一定有他的理由。对看不惯的方面，你不要过多地批评、指责和抱怨，更不要当面顶撞或争论，而要给予充分的谅解。

【故事】 孙权与鲁肃

三国时，曹操在新野将刘备打败，然后以号称83万大军进军吴国，逼迫孙权投降。孙权召集部下商议该怎么办？主张投降的部下占了一大半。正当孙权灰心丧气的时候，发现大都督鲁肃在向他使眼色，于是两人假装上厕所，溜了出来。

鲁肃很严肃地对他的上司孙权说："我们的国家谁都可以投降，唯有你不能投降。像我们这样的人投降了，将来照样可以做曹操的大臣，至少可以保住全家的性命，但是主公你投降的话，难道可以和我们一样吗？"孙权被鲁肃的一席话点醒，恍然大悟。回到殿堂上，拿起手中的大刀砍下桌子的一角说道:"谁再敢提投降的话,就叫他跟这桌子一样的下场。"主张投降的大臣们都不敢讲话了。

不久,周瑜赶回来了,周瑜的想法与鲁肃不谋而合。孙权终于下定决心,联合刘备抗击曹操,最终在赤壁大战中大败曹操。

周瑜过世后,鲁肃顺理成章地接替了他的职位。正是因为鲁肃、周瑜了解他的领导,能够在孙权的频道思考问题,设身处地替孙权着想,才能做到与上司"不谋而合",才使他能在大臣之中脱颖而出。

3. 注意场合,选择时机

领导者的心情如何,在很大程度上影响到你沟通的成败。当领导者的工作比较顺利、心情比较轻松的时候,心情会比较好,这是与领导进行沟通的好时机。领导一天到晚要考虑的事情很多,假若你仅仅为了一些琐事,就不要在领导埋头处理大事时去打扰他。领导心情不好,或者处于苦恼时,他可能是因为工作头绪繁多忙得焦头烂额,可能是因为受到上级的斥责感到消极颓废,可能是因为事业发展受阻感到压力过大,可能是因为家庭纠纷导致自己沮丧不已,也可能是因为遇到重大问题不能决断而感到迷茫。这个时候领导的心情特别差,你的意见他很难听进去,不便于沟通。所以,与领导沟通,要注意场所、选择时机。

4. 充满自信,维护自尊

与领导交谈时,要有一个积极乐观、允满自信的心态,向领导叙述重要事情,或回答领导提问时,如果做到目不斜视地盯着对方的眼睛,不但会增强语言的说服力,还会给领导留下精力充沛、光明磊落的印象。听取领导讲话,高兴时不妨扬起眉,严肃时瞪大眼,困惑时大胆问,听完后简要复述,这样做会给领导留下头脑敏锐、率直认真的印象。反之,如果你唯唯诺诺,无动于衷,就会给领导留下反应迟钝、消极应付的感觉。

与领导沟通,要把握尺度,不能无原则地扯关系、套近乎,要维护自尊。对领导交办的事情,要慎重,看问题要有自己的立场和观点,不能一味地附和。如果你确信自己在某件事上没有过错,就应该采取不卑不亢的态度。在必要的场合,只要你从工作出发,摆事实、讲道理,也不必害怕表达出自己的不同观点。对于领导者个人的事情,作为下属不能妄加评论。对领导提出的问题发表评论时,应当掌握恰当的分寸,有时候你点个头、摇个头,都会被人看作是你对领导意图的态度,轻易地表态或过于绝对的评价都容易导致工作的失误,是要负责任的。

总之，下属与领导沟通，要讲究方法、运用技巧。况且，与领导进行有效沟通，保持良好上下级关系，不是人格扭曲，不是狡诈诡谲，不是欺上瞒下，不是阿谀奉承，也不是人际交往异化流俗，而是为人处世的一门学问。

第二节　如何向领导汇报工作

我们光把工作本身做好还不够，还要学会向领导恰到好处地展示。汇报工作不是炫耀，而是与领导"交心"的一个重要途径。

从内容上来说汇报可分为 4 种类型：

一是情况汇报。主要包括工作的进展情况、特点、收获提高、存在的问题等。基本要求是，工作的过程要反映清楚，主要内容都要讲到，特点要鲜明。

二是经验汇报。以讲做法或体会为主，不过多地涉及工作情况和工作过程。

三是问题汇报。即专门就某一问题作的汇报。应着重讲清问题的表现及发展的程度，发生问题的主客观原因，应接受的教训，以及解决问题的措施等。

四是计划打算汇报。某项任务下达以后或某项工作展开之前，就完成任务或做好工作的设想或打算，向上级做的汇报。

汇报是家常便饭，但也要讲究艺术，什么该讲什么不该讲？什么时候讲？领导到底想听什么？所以，对于汇报人来说，要做点功课。其主要原则是：

1. 汇报结构清晰，简洁明了

清晰的汇报结构体现了你结构化的思考能力，不能东一榔头西一棒子，也不能有头无尾。同时要简洁明了，重点突出。比如，对于研究新上项目问题，领导最关心的还是投资的回报问题，他希望了解投资数额大小、投资回收期限、项目的盈利点、盈利的持续性，等等。

KPT 是来自日本的一种工作记录方法，已经在很多地区被作为工作汇报的模板，它由三个部分组成，既能充分反映你当前的工作状态，又能向领导传递工作困难与你的工作能力。Keep：当前你正在做的事务或项目的正常描述；Problem：你今天所遇到的问题；Try：你打算尝试的解决方案。

【故事】　茹太素啰唆吃廷杖

明朝的廷杖是非常严厉的，动辄将人打残打死。朱元璋时期，刑部主事茹太素上书万言，直接批评皇帝滥用刑罚之事。朱元璋命人将谏书读给他听，可是读到了六千多字，谏书还是在引经据典、歌功颂德，根本没有进入正题。朱元璋很生气，把茹太素宣来，斥责一顿，再罚廷杖之刑。然后接着听人读下去，听着听着觉得有点道理，这时候茹太素的屁股已经开了花，再往下听，觉得很有道理，就下令"不要打了"，而茹太素已经不省人事了。

朱元璋认为，茹太素的建议很好，有500字就足够了，根本没有必要讲得那么啰唆。古语云：上有所好，下必骛之。在朱元璋的大力推动下，公文变得简洁朴实，通俗易懂，格式也规范了很多，从而提高了工作效率，对当时的文学创作也产生了积极的影响。

2. 用选择题代替问答题

领导都喜欢会解决问题的下属，有的中层向领导汇报只是带着问题去，没有主动地思考问题该如何解决，有的甚至向领导讨教："您认为这个问题应该怎么办？"这实际上是把"上下关系"颠倒过来了。所以，向领导汇报要出选择题。你把问题抛出来之后，最好要附上2~3个解决方案或建议，同时对每个方案的优劣进行比较，这样就便于领导拍板决策了。

实际上，领导和被领导是一种需要和被需要的关系，作为下属要想收获"被需要"的价值感和成就感，就要让自己成为问题的克星，而不是成为问题的推手。难怪西屋电脑公司总经理迪席勒办公室门上的标语是："不要带问题给我，带答案来。"

3. 注意用数据说话

【案例】 在永城设立冶炼分厂的建议

A主管：关于在永城设立冶炼分厂的方案，我们已经详细认证了它的可行性，大概3~5年可以收回成本，然后就可以盈利了。请董事会考虑我们的方案。

B主管：关于在永城设立灌装分厂的方案，我们邀请计划、财务、销售等部门初步论证了它的可行性。初步论证报告显示，该方案在投资后第28个月财务净现金流由负值转为正值，这表示该项目投资从第三年开始盈利，经测算，该方案的投资回收期是4~6年。从社会经济评价上看，该项目设立还可以拉动我们集团相关下游产业的发展，为我们企业的多元化发展拓展空间。与该方案有关的可行性初步分析报告我们已经带来了，请董事会审阅。

上面的案例，不言而喻，A主管的汇报只凭嘴讲，是没有太大的说服力的，而B主管事先做了较为充分的准备，用数据说话，并提供书面材料，借助视觉力量，无疑大大增强了说服力。

4. 汇报请示要有度

所谓"度"，就是在上司下达工作指令后，不要长时间不汇报，长时间不汇报也会让领导"不放心"；也不要频繁地请示汇报，频率太高的汇报让领导怀疑你的工作能力。

还有一种情况，当上下级之间建立起充分信任时，领导有时会要求下属不要拐弯抹角、有话直说、有意见直接提，即便是这样，下属在提意见的时候，也一定要循序渐进，时刻留意领导的反应，或点到为止。

5. 善于抓住汇报机会

不要认为只有在领导办公室才叫汇报工作，对于一些只需要简单回答"yes"或"no"的情况，就要抓住一切可以汇报的机会，比如，上下班的电梯里、停车场里、去餐厅的路上等。

刚上班时、快到下班时、当领导心情不好或处于苦恼时……无论多么好的建议，都不是说服进言的好时机。通常推荐在上午10点左右、午休结束后半个多小时；领导工作比较顺利、心情比较愉快时，比较容易听进别人的建议。

加拿大心理学家莫斯考·维茨曾做过一个有趣的研究，她认为，人的一周情绪表现是有规律的，周一到周五，前半部分，人的精力旺盛，态度和行为比较激进，而一周的后半部分，人的精力逐渐下降，却也容易沟通。

【案例】 公司为了奖励市场部的员工，制订了一项海南旅游计划，名额限定为10人。可是该部门有13名员工，大家都想去，部门经理需要再向上级领导申请3个名额，下面是部门经理与领导的沟通对话：

部门经理：朱总，今天听说去旅游，大家都非常高兴。感谢领导这么关心员工，真是让员工感动。朱总，这是不是突然给大家的惊喜？

朱总：真的是想给大家一个惊喜，这一年公司效益不错，是大家的功劳，大家辛苦一年了。第一，年终了，是该轻松轻松了；第二，放松后，才能更好地工作；第三，是为了增加公司的凝聚力。大家要高兴，我们的目的就达到了，就是让大家高兴的。

部门经理：也许是计划太好了，大家都在争这10个名额。

朱总：当时决定10个名额是因为觉得你们部门有几个人工作不够积极。你们评选一下，不够格的就不安排了，就算是对他们的一个提醒吧。

部门经理：其实我也同意领导的想法，有几个人的态度与其他人比起来是不够积极，不过他们可能有一些生活中的原因，这与我们部门经理对他们缺乏了解，没有及时调整都有关系，责任在我。如果不让他们去，对他们打击会不会太大？如果这种消极因素传播开来，影响不好吧。公司花了这么多钱，要是因为这3个名额降低了效果太可惜了。

部门经理：我知道公司每一笔开支都要精打细算。如果公司能拿出3个名额的费用，让他们有所感悟，促进他们来年改进。那么，他们多给公司带来的利益要远远大于这部分支出的费用。不知道我说的有没有道理。

公司如果能再考虑一下，让他们去，我会尽力与其他两个部门经理沟通好，在这次旅途中每个人带一个，帮助他们放下包袱，树立有益于公司的积极工作态度，朱总您能不能考虑一下我的建议。

从上面的对话来看，部门经理与上司的沟通是主动积极的，看来争取修改旅游计划的可能性很大。如果你是部门经理，你会如何与上级领导沟通呢？

第三节　如何接受领导的批评

人无完人，无论是谁，工作时间长了，特别是因对领导的意图领会不够、受客观条件影响、工作能力所限、思想精力不够集中等因素的影响，出现失误在所难免，甚至还会有出现严重错误的时候。在工作中，领导通常都会站在组织的立场上，对下属出现的错误做出公正、客观、善意的批评，并会及时地提出正确的建议和补救措施。下属积极进取的过程，就是一个不断自我否定、自我修正、自我提升的过程。而在这个进步的过程中，需要很多人的帮助，不仅有物质上的，也有精神上的，还包括行为上的。从某种意义上说，行为上的帮助是最为重要的。特别是在犯了错误的时候，需要有人帮助指出不足，帮助及时改正，不断进步。因此，当下属们的一些行为发生偏颇乃至出现错误时，领导及时地指出，使下属在错误的道路上及时地刹车，没有进一步滑坡，帮助下属明确了方向，这是好事情。可以想象，一个不能正确接受领导批评的人，一个失去领导帮助的人，要想取得进步该有多么困难。所以，在下属犯了错误以后，领导批评的时候，一定要虚心接受，认真对待，不能因为领导的批评而产生逆反心理，更不能因为领导的批评而去误解甚至是有意曲解领导的良苦用心。

1. 管控情绪，克制自己的第一反应

面对领导的批评和指责，有时的确很窝火，有些无端的指责，会让你怒火中烧、无地自容。部分人首先表现出应激性的言语防御或反击，这是争论和冲突的起点。作为下属，要有基本的职业素质，克制好自己的情绪，并告诫自己：当领导批评甚至是无端地批评和指责时，千万不要当面反击。如果你当时做了什么过激的反应，可能事后会让你追悔莫及；如果你当时按捺住了自己的情绪，事后你可能会暗自窃喜。记住，能管控好自己情绪的人，才是成熟的人。

2. 换位思考，不要过多辩解

如果你是老板，你会容忍你的员工犯错吗？肯定是不允许，所以千万不要因为一时生气就去跟你的老板怄气，这是不明智的选择，因为一个公司的领导是公司的灵魂，不管他有没有错，他的权力总是至高无上的。受到领导批评时，不要急于替自己辩解和解释，辩解和解释会被领导认为是不负责任的表现。要记住：在责任面前没有任何借口，也没有任何挡箭牌可以推卸责任。

要有坚决维护领导形象的心态。领导作为单位或部门的决策者和指挥者，有其特殊的公信力和权威性，必须具有良好的领导形象。作为下属，无论何时何地都要坚决维护领导形象。面对批评，下属需要保持理性和清醒的头脑，即使蒙受委屈也要坦然处之、虚心聆听，在适当的时候才予以解释。

3. 知错就改，虚心接受领导批评

如果确实是因为自己工作的疏忽，那么一定要虚心接受领导的批评。不要太计较领导说话的方式，学会做积极的心理暗示，过滤掉对方情绪化的言语，从批评指责中获得对开展工作有益的建议和想法，把负面的指责转化为正面的建议。任何人都难免会犯错误，但有的下属一旦在工作中出现纰漏或错误，就会感到内疚、自卑，甚至后悔不已。很多人犯错误后，不去主动与领导沟通、交流，而是担心领导责备自己，害怕见到领导。事实上，犯错误本身并不要紧，重要的是你要尽早与领导沟通，以期得到领导的批评、指正和帮助，同时取得领导的谅解。消极回避，不但不能取得领导的谅解，反而有可能让领导产生误解。

【案例】 有一天加班，晚上 2 点钟到家，收到老板的一封邮件，批评我工作不到位。我收到邮件后就很崩溃，还很委屈。于是当即奋笔疾书，回邮件！解释我是如何工作的，我做的如何有道理，我做的如何有效果……写了2000多字。写完了，我好像冷静了一些，我就琢磨一个事儿：如果我是老板，我对一个员工工作不满意，于是我给他写了封邮件批评他，我想看到的是他洋洋洒洒的解释和辩解吗？显然不是啊。然后我就突然明白了，于是我把那2000多字都删了，简单回复了一句话，大意是：我会反思工作的问题，然后尽快整改。

两个月后我晋升了。在我的晋升仪式上，我对老板说起这件事，他对我说，我知道你很委屈，我就是想看看你在面对委屈和压力时，会有怎样的反应，这体现了一个人的成熟程度。

附1：沟通测试

测试目的：测试你与领导沟通的能力。

评分标准：一直如此（3分）；经常如此（2分）；很少如此（1分）。

测试题：与领导沟通时，你是否注意过以下几点：

1. 能够自始至终保持自信的微笑，说话音量、语速适中。
2. 善于选择领导心情愉快、精力充沛的谈话时机。
3. 精心准备好详细的资料和数据以佐证你的方案。
4. 对领导将会提出的问题胸有成竹。
5. 语言简明扼要，重点突出。
6. 与领导交谈时亲切友善，能充分尊重领导的权威。
7. 一旦发现即将与领导发生争吵，主动选择暂时回避。

说明：

15～21分：在与领导沟通时，你能自觉地运用沟通技巧，是一个非常受欢迎的人。你的上司非常赏识你，你们的关系也很和谐。

8～14分：在工作中，你已掌握了不少沟通技巧，并已经尝试运用。你的上司会认为你是一个很有潜力的人，很好看你，但你仍然需要继续完善自己的沟通能力，从而使自己与上司的关系更加和谐、融洽。

0～7分：你现在和领导的关系不是很和谐，需要抓紧时间学习沟通。提高沟通技巧，有助于你充分发挥自己的能力，获得更为广阔的发展空间。

附2：案例研讨

案例：马平的困惑

在公司里，马平是个人人羡慕的人：大学刚毕业就当上了总经理秘书，成了离老板最近的人。同事们都说："你的工作最接近高层，最容易得到老板的欢心，也最容易高升。"但他说："我是在一个比较优越的环境下长大的，爸爸是一家国企的老总，妈妈是机关干部。因为父母的关系，身边的人对我都是客客气气的。从小学到大学，是在别人的赞扬声中长大，不懂得迎合别人；向来是别人逗我说话，我自己却不知道如何在交谈中寻找话题……"

正因如此，进入公司一个月后，马平开始为如何与领导相处犯了难。不管怎样下决心，有很多话都说不出口，哪怕是一些很正常的话，在他看来，那都是在讨好老板。一开始总经理还对他问长问短，而他除了有问必答外，也绝不多说什么。渐渐地，马平发现总经理不太和他搭讪了，即使说话，也局限在工作范围内。工作伊始，他和总经理的关系就陷入僵局。

试分析马平困惑的原因是什么？他该如何办？

第十章　如何与同事沟通

美国心理学家 W·巴克曾说:"人离不开人——他要学习他们,伤害他们,支配他们……总之,人需要与其他人在一起。"人与人之间相处离不开沟通。调查发现,43.6%的同事不注重同级沟通。我们经常发现:上班路上他是一个人;工作时,他的旁边是熟悉的陌生人;和同事吃饭时不知道说什么;跟同事碰面时只能挥手或笑笑,驻足时间不会超过 6 秒……这些现象与其被叫作"不合群",其实是因为他们不会有效沟通。

现代社会是个信息沟通的社会,每个人都应有良好的与人交往能力。沟通是人们运用语言交换意见、交流思想、表达情感和自身需求的过程,是人们社会生活的重要内容之一。贴心的交流会树立自我良好形象,积极拓宽自己的交际面,赢得他人的认可,促使自己走向成功。

第一节　同级沟通困难的原因

古代寓言《疑邻偷斧》说的是:一个人丢了斧子,怀疑是他的邻居偷的。当他看见邻居时,发现邻居走路像偷斧子的,说话像偷斧子的,一举一动无不像偷斧子的。后来,他在山谷里找到了斧子,再看到邻居时,发现邻居走路、说话一点也不像偷斧子的了。

这个故事也可以看作是在影射平级之间缺乏交流沟通而引起猜疑。而现实生活中,平级之间以邻为壑,缺少知心的沟通交流,因而相互猜疑或者互挖墙脚。这是因为平级之间都过高看重自己的价值,而忽视其他人的价值;有的是人性的弱点,尽可能把责任推给别人;还有的是利益冲突,害怕别人比自己强。

下面所列的问题都是导致同级沟通困难的原因:
(1) 每个人都过高地看重自己的价值,而忽视其他人的价值。
(2) 不能设身处地看待他人的工作,很少想到他人的难处。

(3) 在指挥链中，同级的员工处于水平位置，没有权力的制约。
(4) 平级沟通不畅，总认为是部门职责职权划分的问题。
(5) 推卸责任，一旦出现问题总爱把责任推给别人。
(6) 嫉妒心作祟，害怕别人比自己强。

一个优秀的团队，强调的是团队成员之间的精诚团结，密切合作。因此，平级之间的沟通十分重要。平级之间要想沟通好，必须开诚布公，相互尊重。如果虽有沟通，但不是敞开心扉，而是藏着掖着，话到嘴边留半句，那还是达不到沟通的效果。

第二节 同级沟通的三种形式

1. 退缩方式

退缩方式就是不敢去争取自己的权力、需要与愿望，或是表达不当，因而无法引起他人的重视。其目的是为了避免冲突而取悦他人。其具体表现有：一是对方总觉得别的部门比我重要，总觉得别的部门能力比我强。他就会采取退缩的行为，这是一般的、畏缩型的人的沟通方式。为什么？因为他们害怕，沟通之后会带来一个不良的结果。二是他在努力回避问题。有时问题是回避不了的，但是有时人们还是愿意逃避问题。三是退缩还表现为，说话拖泥带水，含含混混，不敢清楚表达自己的意思。四是经常为自己的沟通寻求一些借口，很不直率。五是沟通的时候经常表示歉意。好像要求对方对我们协作，像我们欠对方的一样。这是一种不自信的表现。六是经常用约束性的字眼，有时放弃自己的利益，这是畏缩型人的沟通方式。

【案例】 年终快到了，财务部王经理找到营销部谢经理并对他说："请你们帮我把这个报表做好，下周一要给我们。"面对王经理的要求，谢经理考虑到自己如果不答应，势必影响以后同财务部的关系，给本部门以后报账会带来麻烦。于是，他回答："行，没问题的。我来安排大家加班，无论如何周一都得把报表交给你。"

很明显，谢经理的沟通方式就是退缩的方式。

2. 侵略方式

侵略方式的特征：懂得维护自己的权利，但所用的方法却已侵犯了别人，忽略或否定了他人的需要、愿望、意见和感受。其出发点是自己的需要、愿望与意见比别人的重要；自己应享有的权利，别人却没有；自己的能力非常高，别人都比不了自己，归根结底，侵略行为的目的在于求胜，即使牺牲别人也在所不惜。

和同级进行沟通的时候，压制别人，飞扬跋扈，自以为了不得，很招人烦，这样的人总认为自己的愿望、自己的部门比别人重要，自己的能力比别人强，自己的水平比别人高，你必须听我的。这种人一般都属于争强好胜的人。因为有了不好的人际关系，对自身的提升，也影响非常大，在管理中得不到其他人的支持，想成功是万万不可能的，不要做孤家寡人。

【案例】 谢经理面对王经理的请求可能这样回答："什么？我这里的正经工作还没有忙完呢，哪有工夫管什么报表这些杂七杂八的事！"王经理听后十分生气，马上说："那是你们应该做的事，你自己看着办吧。"

从中可以看出，谢经理沟通中侵略方式的特征表现得十分明显。

3. 积极方式

积极的方式是指，在不侵害其他人和部门的前提下，敢于维护自己和本部门的权利，用直接、真诚并且比较适宜的方式来表达自己的需求、愿望、意见和感受。其出发点是：必须坚持原则；必须捍卫自己最重要的权利和利益；必须按照职权和公司的规定行事；别人的任何行为都是值得尊重的；双方沟通的目的都是为了把工作做好；一定会有双赢的解决办法。

【案例】 谢经理积极的答复是："我知道你们年终急于要销售汇总表，但最近我们手头事情太多，我了解一下再答复你，看看能不能加班赶出来，你看行吗？"

由此可见，积极的沟通方式产生积极的沟通效果。

第三节 与同事良好沟通的技巧

1. 尊重谦虚

在人际交往中，自己待人的态度往往决定了别人对自己的态度。因此，你若想获取他人的好感和尊重，必须首先尊重他人。每个人都有强烈的友爱和受尊敬的欲望，爱面子的确是人的一大共性。在工作上，如果你不小心，很可能在不经意间说出令同事尴尬的话，表面上他也许只是脸面上有些过意不去，但其心里可能已受到严重的挫伤，以后，对方也许就会因感到自尊受到了伤害而拒绝与你交往。

一位哲人曾提出过这样的问题：将军和门卫谁摆架子？答案是门卫。因为将军有着雄厚的资本，他不需要架子做支撑。现实生活中也是如此，拥有优势的人常常胸怀大度，其自尊和面子足矣，无须旁人再添加。而与你同一阶层甚至某方面不如你的人，很可能因为自卑而表现出极强的自尊，他仅有的一点儿颜面是需要你细心呵护的，如果你能以平等的姿态与人沟通，对方会觉得受到尊重，而对你产生好感。因此，要谨记，没有尊重就没有沟通、没有友谊。

2. 巧用语言

如前所述，语言沟通至关重要，与同事沟通中应以不伤害他人为原则。要用委婉的语言；要用鼓励的语言，不用斥责的语言；用幽默的语言，不用呆板的语言；等等。不要让赞美之口难开，一句由衷的赞美，同事会感觉到你对他的重视，在无形中增加了对你的好感。发挥你心思细腻的特点，观察他最得意的方面，如穿着品位，爱好兴趣，工作态度，办事效率甚至他健康的身体等。哪怕是一句不经意的话，都能表明你对他的关心，从而拉近了与同事之间的距离。

在职场中，想要和同事愉快相处，自己首先要抱着积极融入大家的想法，平时多留心周围同事关注的事情，为寻找话题打下基础。近期的新闻、周围发生的事、大家比较关注的事情，比如，房价、交通、反腐等都可以成为聊天的话题。如果你想和女同事聊天，那话题就更多了，美容、网购、化妆、衣服、鞋包、瘦身等都是女士们感兴趣的话题；和年长的同事聊天，话题都离不开孩子、养生、保健等。当然，这些都要因人而异，所以在平时要多留心同事的爱好和性格，寻找共同的兴趣点。

在涉及具体个人的是非八卦时，你要学会巧妙地保持中立。适当地附和几句：是吗？真的？对于没有弄清楚的事情千万不要发表明确的意见，做到参与但不掺和。

3. 善于倾听

善于倾听是增加亲和力的重要因素。当同事的家庭、生活、工作出现麻烦而心情不愉快时，他向你倾诉，你一定要认真倾听，把自己的情感融到一起，成为同事最真诚的倾听者，这样会加深同事之间的情感。应该学会安慰和鼓励同事，让同事把心中的烦恼和痛苦诉说出来，帮助同事解决困难，分担痛苦与不快。在倾听时，不要总是谈论自己，不要打断对话，不要急于评价对方的观点，不要急切地表达建议，要仔细地听对方说些什么，不要把精力放在思考怎样反驳对方所说的某一个具体的小的观点上；不要做小动作，不要走神，不必介意别人讲话的特点；要注意信息反馈，抓住主要方向，以便抓住事实背后的主要意思，避免造成误解。

4. 少争多让

工作中，很多人都只站在自己的角度，争取自己的利益。斤斤计较，喜欢占小便宜，只顾眼前利益，这样的人定会被讨厌，结果许多时候是占了小便宜却吃了大亏。

不要和同事争什么荣誉，这是最伤害人的。许多同事平时一团和气，然而遇到利益之争，就当"利"不让；或在背后互相谗言，或嫉妒心发作，说风凉话。这样既不光明正大，又于己于人都不利，因此对待功利要时刻保持一颗平常心。你帮助同事获得荣誉，他会感激你的大度，更重要的是增添了你的人格魅力。要远离争论，对一些非原则性的问题，切忌去争什么你输我赢，否则，其结果只能使双方都受到伤害。

【故事】 韦小宝有很多朋友，他总是在为这些朋友办事，可他索取很少，得到的回报也不多。他的第一位江湖朋友茅十八被官府擒住，皇帝要他亲自监斩，把茅十八杀了。韦小宝磕头道："皇上明鉴，奴才来到北京能够见到皇上，都全靠了这人。奴才对他还没报过恩，大胆求皇上饶了这人，宁可奴才这番打罗刹鬼子的功劳，皇上尽数革了，奴才再退回去做鹿鼎侯好了。"多么有情有义的话，那茅十八只不过带着韦小宝闯了一回北京，可他还记挂在心里，宁愿舍去自己官职，以换得茅十八的性命。

5. 理解宽容

每个人都有自己独立的思维和行为方式，作为同事，我们没有理由要求人家为自己尽忠效力。在日常沟通中，一定要换个角度，站在对方的立场上为人家想想，理解一下别人的处境。其实理解宽容了别人，就是善待自己，将自己心中的愠怒化作和风细雨，神清气爽地度过每一天。

同事与你一起工作，几乎天天见面，各人的性格、脾气禀性、优点和缺点也暴露得比较明显，尤其每个人行为上的缺点和性格上的弱点暴露得多了，彼此之间免不了会引出各种各样的瓜葛、冲突。同事之间有了矛盾并不可怕，只要我们能够面对现实，积极采取措施去化解矛盾，仍会和好如初，甚至比以前的关系更好。俗话说，冤家宜解不宜结。跟同事有矛盾冲突时，要学会冷静，先从自身方面寻找原因，设身处地多为对方想想，防止矛盾激化。假如已经形成矛盾，自己又的确有错误，就要放下面子，勇于道歉，以诚心换诚心。退一步海阔天空，只要有一方主动打破僵局，就会发现原来彼此之间并没有任何化解不了的隔阂。

6. 避免亲疏

在一个单位，如果几个人交往过于频繁，容易形成表面上的小圈子，让别的同事产生猜疑心理，让人产生"是不是他们又在谈论别人是非"的想法。好的时候亲如一人，不分你我；但好景不长，转眼间又不闻不问，水火不容。不难看出，这些人际关系的恩恩怨怨、是是非非无不与"距离"有关。这种状况是一个优秀团队内部的大忌，甚至可以说是一个团队瓦解分化的开端，结果就是导致整个团队的瘫痪。因此，在与同事交往时，要保持适当距离，避免形成小圈子。我们要控制好与同事之间的远近亲疏的关系。无论你与一个同事的关系是亲还是疏，这都是你们私人之间的关系，而这种关系更是工作以外的关系，不应该对你们的工作产生任何的影响。

道理虽然很简单，但实际上人与人之间的感情并非如书面所描述的那般容易控制。尽管你的心里明白："我一定不能把私人关系带到工作中来。"但是更多的时候，很多行为都是个人喜恶的自然流露，连你自己都感觉不到。最好的办法莫过于"君子之交淡如水"。有了距离，视线通透了，看对方也长远些。交友之道，宛如观荷，亭亭如盖，盈盈欲开，最宜远观。每个人都有自己的空间，都有一方荷塘，我观彼荷，彼荷观我，自悦与悦人，享受悠悠与宽阔。

7. 勤于联络

在同事交往中，可能会有相处要好的朋友，诸多朋友形成自己的人际圈。在激烈竞争的现实社会中，铁饭碗已不复存在，一个人很少可能在同一个单位终其一生。空闲的时候给朋友打个电话、写封信、QQ、微信点赞一下，哪怕是片言只语，朋友也会心存感激。对进入自己人际圈的朋友要常常联络，一个电话、一声问候、一个饭局，都可以拉近朋友的心，如此亲切的朋友，遇到好机会能不先关照你吗？要增加感情账户上的储蓄，多与同事沟通联络，避免有事才求人。

【案例】 小贾是公司销售部一名员工，为人比较随和，不喜争执，和同事的关系处得都比较好。但是，前一段时间，不知道为什么，同一部门的小李老是处处和他过不去，有时候还故意在别人面前指桑骂槐，对跟他合作的工作任务也都有意让小贾做得多，甚至还抢了小贾的好几个老客户。起初，小贾觉得都是同事，没什么大不了的，忍一忍就算了。但是，看到小李如此嚣张，小贾一赌气，告到了经理那儿。经理把小李批评了一通，从此，小贾和小李成了一对冤家了。

小贾所遇到的事情是在工作中常常出现的一个问题。在一段时间里，同事小李对他的态度大有改变，这应该是让小贾有所警觉的，应该留心是不是哪里出了问题了。但是，小贾只是一味地忍让，这个忍让不是一个好办法，而是应该多沟通。小贾应该考虑是不是小李有了一些什么想法、误会，才让他对自己的态度变得这么恶劣，他应该主动、及时和小李进行沟通，如问问小李是不是自己什么地方做得不对，让他难堪了之类的。任何一个人都不喜欢与人结怨的，可能他们之间的误会和矛盾在比较浅的时候就会通过及时的沟通而消失了。

但结果是，小贾到了忍不下去的时候，他选择了告状。其实，找经理不能说不对，关键是怎么处理。但是，小贾、经理、小李三人犯了一个共同的错误，那就是没有坚持"对事不对人"，经理做事也过于草率，没有起到很好的调节作用，他的一番批评反而加剧了二人之间的矛盾。正确的做法是应该把双方产生误会、矛盾的疙瘩解开，这样做的结果肯定会好得多。我们每一个人都应该学会主动地沟通，真诚地沟通，策略地沟通，如此一来就可以化解很多工作与生活中完全可以避免发生的误会和矛盾。

第四节　学会与各种类型的同事打交道

每一个人，都有自己独特的性格与生活方式及人际行为风格。在单位里，总有些人是不易打交道的，比如，傲慢的人、死板的人、自尊心过强的人，等等。所以，你必须因人而异，采取不同的交际策略。

1. 应对过于傲慢的同事

尽量减少与他相处的时间，在和他相处的有限时间里，你尽量充分地表达自己的意见，不给他表现傲慢的机会。其二，交谈言简意赅，尽量用短句子来清楚地说明你的来意和要求。给对方一个干脆利落的印象，也使他难以施展傲气，即使想摆架子也摆不了。

2. 应对过于死板的同事

不必在意他的冷面孔，相反，应该热情洋溢，以你的热情来化解他的冷漠，并仔细观察他的言行举止，寻找出他感兴趣的问题和比较关心的事进行交流。

3. 应对好胜的同事

有些同事狂妄自大，喜欢炫耀，总是不失时机自我表现，力求显示出高人一等的样子，在各个方面都好占上风，对于这种人，许多人虽是看不惯的，但为了不伤和气，总是时时处处地谦让着他。可是在有些情况下，你的迁就忍让，他却会当作是一种软弱，反而更不尊重你，或者瞧不起你。对这种人，你要在适当时机挫其锐气，使他知道，山外有山，人外有人，不要不知道天高地厚。

4. 应对城府较深的同事

这种人对事物不缺乏见解，但是不到万不得已，他绝不轻易表达自己的意见。这种人在和别人交往时，一般都工于心计，总是把真面目隐藏起来，希望更多地了解对方，从而能在交往中处于主动的地位，周旋在各种矛盾中而立于不败之地。和这种人打交道，你一定要有所防范，不要让他完全掌握你的全部秘密和底细，更不要为他所利用，从而陷入他的圈套之中而不能自拔。

5. 应对口蜜腹剑的同事

口蜜腹剑的人，"明是一盆火，暗是一把刀"。碰到这样的同事，最好的应对方式是敬而远之，能避就避，能躲就躲。如果在办公室里这种人打算亲近你，你应该找一个理由想办法避开，尽量不要和他一起做事，实在分不开，不妨每天记下工作日记，为日后应对做好准备。

6. 应对急性子的同事

遇上性情急躁的同事，你的头脑一定要保持冷静，对他的莽撞，你完全可以采用宽容的态度，一笑置之，尽量避免争吵。

7. 应对刻薄的同事

刻薄的人在与人发生争执时好揭人短，且不留余地和情面。他们惯常冷言冷语，挖人隐私，常以取笑别人为乐，行为离谱，不讲道德，无理搅三分，有理不让人。他们会让得罪自己的人在众人面前丢尽面子，在同事中抬不起头。碰到这样的同事，你要与他拉开距离，尽量不去招惹他。吃一点儿小亏，听到一两句闲话，也应不恼不怒。

附1：沟通测试

测试目的：测试一下你与同事交流沟通的能力。

评分标准：选 A 得 1 分；选 B 得 2 分；选 C 得 0 分。

测试题：

1. 想把你的建议或意见传达给别人的时候，你是否觉得困难？
   A. 很难说　　　　B. 一般不会　　　　C. 会

2. 当你试图说服一个人的时候，对方不但不接受，反而抢白你，你会非常生气吗？
   A. 有时会　　　　B. 不会　　　　　　C. 会

3. 在一次说服别人失败之后，你会尝试换另外一种方式再次努力吗？
   A. 有时会　　　　B. 会　　　　　　　C. 不会

4. 你觉得说服别人之前，是否必须尽量全面了解对方的情况？
   A. 很难说　　　　B. 是的　　　　　　C. 不必要

5. 在说服别人之前，你是否觉得直爽是一种首选的风格？
   A. 难说　　　　　B. 不是　　　　　　C. 是的

6. 你相信"事实胜于雄辩"吗？
   A. 不相信　　　　B. 要视情况而定　　C. 相信

7. 你觉得别人坚持自己的观点是固执吗？
   A. 难说　　　　　B. 不是　　　　　　C. 是

8. 在说话的时候，你喜欢用反问句式代替陈述吗？
   A. 有时会用　　　B. 非常喜欢　　　　C. 几乎不用

9. 你喜欢引用成语或名人名言吗？
   A. 有时用　　　　B. 喜欢　　　　　　C. 几乎不用

10. 和别人争辩的时候，你觉得自己可能是错的吗？
    A. 难说　　　　　B. 会　　　　　　　C. 不会

说明：总分为 0~12 分时，说明你与别人沟通（或说服别人）的能力较差；总分在 13~16 分时，说明你与别人沟通（或说服别人）的能力一般，仍要继续学习和锻炼；总分在 17 分以上时，说明你与别人沟通（或说服别人）的能力较强。

附2：案例研讨

案例：小张是某公司刚招聘来专门负责公司培训的女大学生。公司计划月底搞一个新员工专题培训，准备邀请生产部肖部长讲解关于生产安全管理方面的知识。为了让肖部长有个准备，小张就培训安排事宜提前与之进行沟通，意料之外的是，小张高高兴兴地去了，却眼泪汪汪地回来了。这是怎么回事呢？原来当小张去和肖部长沟通时，却被肖部长当面训斥了一顿，说人力部纯粹是没事找事，当前生产任务这么紧，抽不开身，搞岗前培训不是时候。小张很委屈，想给对方解释一下情况，没想嘴巴一张便被肖部长厉声掐断了："如果有什么问题，可以让你部长来和我沟通。你现在还没这个资格。"

那么，这位部长的做法合适吗？部门间沟通是否必须同级别才能进行呢？

第十一章 如何与下属沟通

美国著名的管理学家托马斯·彼得斯认为，管理者最需要的是能够激发激情的能力。所以，作为中层管理者，要经常思考如何将管理意图变成团队的集体行为？如何保持下属团队的凝聚力、忠诚度？如何让下属树立跟着你干有奔头的想法？如何消除团队成员之间不必要的猜忌？所以，与下属保持良好沟通非常重要。作为一名中层管理者，在你所领导的团队或组织中，你不一定是技术专家，也不一定是营销专家，但你一定要做一个沟通家。

第一节　与下属沟通的基本策略

1. 要让下属对沟通行为及时做出反馈

沟通的最大障碍在于下属误解或对管理者意见理解的不准确，而让下属对管理者的意图做出反馈是减少这种问题的关键。鉴定下属反馈是否有效的标准是数量和准确性。在工作和日常交往中，管理者作为主动发送者与下属进行沟通，二者之间难免由于沟通能力的不同产生表达、接受信息之间的障碍。为克服这种障碍，就要求管理者学会通过直接或间接的提问、复述等手段确认对方是否完整接受信息。如果下属所复述的内容与管理者意见一致，就说明沟通是有效的；如果下属对管理者的意见领会出现差错，可以及时地进行纠正，调整陈述方式，以避免沟通的失败。

2. 对不同的下属使用不同的语言

在同一组织中，不同的下属往往有不同的年龄、教育和文化背景，这就可能使他们对相同的话产生不同的理解。另外，由于专业化分工不断深化，不同的下属都有不同的"行话"和技术用语。而管理者往往注意不到这种差别，以为自己说的话都能被其他人恰当地理解，从而给沟通造成了障碍。沟通时必须根据接收者的具体情况选择语言，语言应尽量通俗易懂，尽量少用专业术语，以便接收者能确切理解所收到的信息。

管理者要慎重言语，选择下属易于理解的词汇，使信息更加清楚明确。对容易产生歧义的话语应尽量避免使用，或者对于可能产生误解的话语，做必要的解释说明，表明自己的真实态度和情感，以澄清误解。在传达重要信息的时候，为了消除语言障碍带来的负面影响，针对接收信息人的情况，酌情使用对方易懂的语言确保沟通有效。

3. 恰当地使用肢体语言

如前所述，人们在沟通中所发送的全部信息中由语言来表达的效果是很有限的，而非语言信息所传达的信息量巨大。因此，管理者必须注意自己的肢体语言与自己所说的话的一致性，这样会在很大程度上跨越言语沟通本身固有的一些障碍，提高沟通效率。肢体语言是交流双方内心世界的窗口，它可能泄露我们的秘密。一个成功的沟通者在强化沟通的同时，必须懂得非语言信息，而且尽可能了解它的意义，磨炼非语言沟通的技巧。这就要求管理者在沟通时，要时刻注意与下属交谈的细节问题，注意"察言观色"，充分利用它来提高沟通效率。

4. 注意保持理性，避免情绪化行为

在接受信息的时候，接收者的情绪会影响到他们对信息的理解。情绪能使我们无法进行客观理性的思维活动，而代之以情绪化的判断。管理者在与下属进行沟通时，应该尽量保持理性和克制，如果情绪出现失控，则应当暂停进一步沟通，直至恢复平静。

5. 减少沟通的层级

在许多组织中，机构设置比较复杂，信息的传递需要跨越许多中间环节，才能到达终点。因此，组织应加强自身建设，积极改善组织结构和加强组织文化建设，使组织能够较好地发挥沟通的功能。为避免沟通过程中信息的失真，可以精简机构，建立一支精明的团队，根据组织的规模、业务性质、工作要求等选择沟通渠道，制定相关的工作流程和信息传递程序，以保证信息上传下达渠道的畅通，为各级管理者决策提供准确可靠的信息。也可以通过召开例会、座谈会、新闻发布会等形式传递和收集信息。有必要设立一个独立于各职能部门以外的监督部门，负责协调内部的沟通工作，确保信息的真实性，使每一次沟通都达到预想的目的，提高沟通效率。管理者在与下属进行沟通时应尽量减少沟通的层级，越是高级的管理者越应该注意与下属直接沟通。

【故事】 刘备如何与下属有效沟通

从古至今，有许多的领导人，综合能力不强，但沟通能力却不一般，正

是这种卓越的沟通能力，成就了他们一生的辉煌。

就说刘备吧，论文刘备比不过他的两个军师——诸葛亮、庞统，论武比不过五虎上将关、张、赵、马、黄（关羽、张飞、赵云、马超、黄忠），但他却能领导他们，并且能领导好，除了他的刘氏宗亲的身份之外，其中一个非常重要的原因就是他的沟通能力。他不是一个强势的领导，每每遇到重大事故，总是先以泪洗面，给人一个弱势的印象，然而他总是做得恰到好处，将别人的心拢住，团结在他的周围。刘备最擅长的是和下属沟通。刘备的竞争力是睡出来的，刘备和关羽睡过，和张飞睡过，和赵云睡过，和诸葛亮也睡过。刘备三顾茅庐和诸葛亮相谈甚欢，当晚就睡在了一起。刘备一起睡过的兄弟还真不少，很好地利用同榻而眠、抵足而卧来做思想工作。试想两个大老爷们睡在一张床上彻夜谈心，内心的什么好想法和坏想法都会和盘托出，而刘备循循善诱的思想工作的确起到了非常大的作用。

在与曹操的一次战斗中，兵败长坂坡，逃出来的兵将向他报告说："赵云没有往回跑，而是返往曹营去了，是想叛变你而投降曹操。"刘备马上说："胡说！子龙是我的故交，我了解他，他不会做这种事的"。张飞在一旁气愤地说："我一定要杀了那厮！"然后就去找赵云，碰上逃出来的大臣说是赵将军救了他，然后又去救夫人和小公子阿斗去了，张飞这才想到误解赵子龙了。

赵云连斩曹操50员大将，于曹操万军丛中七进七出救出小公子阿斗，留下了常山赵子龙的美名。刘备半百之人，就这一个儿子，关爱之情无以言表。当他满身鲜血地把小阿斗抱到刘备面前时，刘备并没有关心小公子阿斗有没有受伤，而是生气地将小公子往旁一扔，说："你这逆子，差点让我损折了一员五虎上将！"赵云赶忙一把接住小公子，对刘备说："主公知遇之恩，云万死不辞！"刘备的沟通能力可见一斑，动之以情，将赵子龙的心牢牢地拢住，之后赵云又从孙夫人手里抢回阿斗，为刘备保住了唯一继承人，一直战到70多岁，还在为刘备打江山，可见领导对下属的那一份知遇情怀是何等重要，能让一个人为你打拼一辈子，万金不换。让你的下属知道你心里有他，他才能鞍前马后地为你效力，而且会义无反顾。

第二节 如何布置工作

布置工作就是命令，是领导对下属特定行动的要求或禁令。命令的目的是要下属按照你的意图完成特定的行为或工作；它也是一种沟通，只是这种沟通带有组织层级上的职权关系；它隐含着强制性，会让下属有被压抑的感觉。对"命令"的含义我们应该打破固有的窠臼，不要陷于"命令→服从"的固有认知。命令应该是领导让部下正确了解他的意图，并让下属容易接受及愿意去执行。

当然，领导有职位的权力，不管下属是否愿意，都必须去执行。的确，下属惧于领导的职权，他必须执行，但是有意愿下的执行与无意愿下的执行，其结果会有很大的差异。有意愿的下属，会尽全力把工作做好；无意愿的下属，心里只想能应付过去就好。

1. 态度友善，用词礼貌

如："小张，你来一下"改成"小张，请过来一下"；"小李，把文件复印一下"改成"小李，请把文件复印一下"。

要记住，一位受人尊重的领导，首先应该是一位懂得尊重别人的领导。职位的不同，不代表人格上的贵贱。有句话说："伟大来源于对待小人物上。"

2. 让下属明白工作的重要性

上级向下级分配任务时，要将工作任务的重要性告知下属。如："小王，这个项目投标是否成功，对公司来说至关重要，公司今年的经营指标能不能顺利完成，拿下这个项目将起决定性作用。希望你和你的团队竭尽全力，争取项目投标成功。"

3. 做到三个明确

一是工作目标明确，没有目标或目标含糊都会让下属无所适从。二是责任明确，要明确责任人是谁，协助人是谁，切不可分工不清，也不可多人负责。三是时间进度明确，要明确告诉任务负责人什么时间必须完成、关键的时间节点在哪、不同的时间节点要取得哪些标志性的阶段性成果。

4. 要下级复述任务内容

上级向下级传达任务后，应要求下属复述工作任务；即使上级没有要求复述，下级也要首先复述工作任务。在工作中，上级和下级都要养成复述的习惯，上级要求复述，下属主动复述，共同促进完成工作。

【案例】 领导下达的任务

电视剧《杜拉拉升职记》中，杜拉拉的领导让她完成两件工作：第一，撰写年度优秀下属评选文案；第二，为评选出的年度优秀下属准备奖品。

杜拉拉听后立即回答："没问题！"然后很顺利地写出了文案，并策划采用办公文具系列作为获奖礼品,之后把文案报告和礼品策划书拿给领导审查。出乎杜拉拉意料的是,领导对她的方案非常不满意,说:"这个评选文案很像感谢信,没有体现公司的企业文化,并且作为全球五百强企业,大家对于优秀下属评选具有很高的期望,这样的礼品和要求差距太远……"杜拉拉听后,只能不停地说:"对不起!我没有问清楚。"

上述案例中,领导在给杜拉拉布置工作任务时,没有对工作结果提出具体要求,也没有说明要求策划文案和奖品符合公司的企业文化,所以在沟通中领导具有一定的责任。作为上级,在分配任务时,需要说清楚工作任务;作为下级,在接受任务时,需要问明白任务的具体内容。

第三节 如何表扬下属

在工作中,每个人都需要被肯定和激励,但很多管理者不习惯肯定和激励他人,而是习惯采用批评式的管理。对下属的某些优点给予适度的表扬,使对方心理上得到满足,才能在工作中激发出更大的潜力。其实表扬下属是管理者必备的一种管理技巧,而且是零成本、零风险、起效最快的激励工具,所以表扬下属很关键。

1. 表扬要出自真心

你在赞美下属时,一定是因为他确实做了值得赞美的事情,而且你也是真心诚意地认为应该表扬他,否则,为了表扬而表扬,会让人感到华而不实。

2. 表扬要有落脚点

你在表扬下属时,除了态度要真诚外,内容也要具体,有落脚点。如"你这次与客户交流的尺度把握得很好,不错不错""你这篇总结报告写得很好,能够用数据说话,望继续努力"。相比于空洞、敷衍的赞美,有理有据、具体的表扬更能收到好的效果。

【案例】 不同的表扬方式

某企业营销部的小王做事非常干练,工作效率很高,部长第一天下达任务,第二天小王就做出了执行方案,而且可操作性很强,部长非常满意,于是决定好好表扬小王一番。

第一种表扬方式:"小王,干得不错呀!小伙子年轻有为,好好干吧!"

第二种表扬方式:"小王,昨天交给你的方案设计,没想到这么快就完成了,非常迅速。我仔细看了一遍,方案中对产品卖点和客户需求把握得非常准确,可操作性也很强。我想照这个方案去做,这款产品的销售应该会取得好的效果。从这事能看得出,你有很强的客户意识,工作效率也很高,有创新意识,值得大家学习!"

3. 表扬要及时

有的中层管理者不善对下属及时表扬,担心夸奖会让下属"翘尾巴"。殊不知,没有及时的认可与赞美,下属很难将正确的行为重复化。

4. 学会背后说好话

大家都爱听好话是人之常情。我们不赞成背后说人家坏话,但却提倡背后说好话这种间接赞美的方式。一般来说,背后的赞美都能传到被赞美者本人耳中,这除了能起到赞美所带来的激励作用外,更能让对方感到你对他的赞美是诚挚的,你的沟通也就更加卓有成效。

第四节 如何批评下属

批评是管理的手段之一,目的在于帮助下属纠正错误,保持优点,把工作做得更好。只有方法得当的批评,才能起到积极的作用。

1. 注意批评的方式

批评的方式有很多种,这就需要管理者根据具体的当事人和事件进行选择。比如,性格内向的人对别人的评价非常敏感,可以采用以鼓励为主、委婉的批评方式;对于生性固执或自我感觉良好的下属,可以直白地告诉他犯了什么错误,以期对他有所警醒。另外,对于严重的错误,要采取正式的、公开的批评方式;对于轻微的错误,则可以私下里点到为止。一般情况下,我们可以采取"三明治"式的批评方式,使批评达到应有的效果。"三明治"式的批评方式包括指出行为、说明影响、诚恳希望3个环节。指出行为即指出下属的错误点,使下属口服心服;说明影响即说明对方行为会造成哪些不利的影响和后果,使下属意识到自己的行为会带来什么后果;诚恳希望即对下属提出如何吸取经验并改正进步的希望,从而缓解下属的心理压力。

2. 尽量对事不对人

在批评下属时,要尽量对事不对人。这样做也是为了防止让下属认为你对他有成见。"对事不对人"不仅容易使下属客观地评价自己的问题,让下属心服口服,其重要意义还在于这样可以在部门内部形成一个公平竞争的环境,使下属不会产生为了自己的利益去溜须拍马的想法。

【案例】 行政部文员小李负责打字，但偶尔会有错误。有一次打一份公司与客户的合同时出现了两个错字，客户发现后提醒公司要求改正，主管觉得非常没有面子，便对她批评一通："小李，这么重要的文件都打错字，你眼睛长到哪里去啦！一点责任心都没有！简直是没救了！"小李很生气，说："我的眼睛就是这么不好，要是你觉得不合格，你把我炒了算了。"主管的原意是提醒小李以后一定要注意，但并没有达到预期的效果，二人的关系从此变得较僵。

案例中，主管说小李"没有责任心""没救了"是在批评当事人，而不是针对事情本身来说的，假如主管这样说："你这次打的合同很重要，客户没有签字要求重打，因为其中打错了两个字，公司领导很没有面子，请问你如何解释？以后要如何做才不会出错？"这种威慑的效果要好得多。针对此类问题的解决措施就是制定透明、统一的奖惩措施，保证检查与执行到位，这二者缺一不可。

3. 注意批评的场合

领导在批评下属时，一定不要当众指责他，尤其不要当着他下级的面来批评他。最好选择在单独的场合，独立的办公室等。有些问题如果必须当众批评或通报，也应该在事前或事后做好对方的思想工作。

4. 要控制好情绪

当你批评下属时，要控制好自己的情绪，千万不要乱发脾气，要知道，发怒与批评不是一码事。要注意语气和措辞，不要使用带侮辱性、攻击性、诋毁性、威胁性的语言。威胁下属容易让下属产生"仗势欺人"的感觉，难免会造成管理者与下属的对立。这种对立会极大地损伤部门内部的团结和合作。如果下属感觉到自己的尊严和人格受到了侮辱，很难想象他能再全心全意地为公司工作。

【案例】 在管理者的日常工作中，经常会有批评下属的情况发生，有位管理者就很懂得批评之道。一天，他要批评他的下属，他先把下属叫进办公室，让下属坐在他对面比较矮的椅子上，而自己就坐在大办公桌后的座椅上，这种居高临下的氛围立刻就会给下属带来压力，利于管理者更好地批评下属。其实这就充分体现了心理功效学理论，就像法官应该威严一样，他的位置就要比罪犯的座椅高得多，这样在审判中就有不怒自威的作用。在管理者一顿批评后，下属就已经汗流浃背了，此时，管理者就会从座椅站起来，走向办公室里的沙发，然后招呼下属也坐过来，这时，空间距离带来的压力感就减小了，下属的心情也就不那么紧张了，再给下属说一些鼓励的话，他就会感觉特别亲切。这就是该批评的时候就批评，该温暖的时候就和蔼些，通过距离的调整增加亲密感，这样批评和鼓励的效果就会很好。

附1：沟通测试

测试目的：测试你与下属的沟通能力。

测试题：

单项选题

1. 关于越级报告，下列表述错误的是：
   A. 举报可以越级报告
   B. 同件事情与主管讲了3次，主管仍未理会，可以越级报告
   C. 任何情况下都不能越级报告
   D. 如果上司越级指挥或其他上司指挥，应第一时间报告主管
2. 与下属单独沟通时的注意事项不包括：
   A. 倾听员工心声　　　　　　　B. 尽量避开难沟通的下属
   C. 了解员工的情绪　　　　　　D. 留心员工面临的问题
3. 不属于责骂下属的注意要点的是：
   A. 明确责骂的原因　　　　　　B. 当众进行，以儆效尤
   C. 就事论事　　　　　　　　　D. 不可骂粗话
4. 表扬和批评下属的注意要点不包括：
   A. 应表现出激动的情绪　　　　B. 越及时越好
   C. 适合的表情模式　　　　　　D. 原因越清楚、越具体越好
5. 说服下属的技巧不包括：
   A. 自信的语气　　　　　　　　B. 面对面坐
   C. 选择舒适和安静的场所　　　D. 命令要明确
6. 以下不属于领导批评下属的技巧的是：
   A. 让下属了解事情的全局
   B. 命令明确，何时、何种要求
   C. 尽量少赞扬下属，以显示威严
   D. 提出问题，而不是简单地下命令

7. 赞美下属的技巧不包括：
   A. 比马龙效应　　　　　　　　B. 确实看出他人之长处而夸奖
   C. 赞扬具体的事情　　　　　　D. 让赞扬更具公开性
8. 与下属沟通的正确方式不包括：
   A. 尊重下属　　　　　　　　　B. 站在下属的立场想问题
   C. 完全授权给下属　　　　　　D. 关注下属的进步

附2：案例研讨

案例：马主管与小刘

小刘刚办完一个业务回到公司，就被主管马林叫到了他的办公室。"小刘哇，今天业务办得顺利吗？""非常顺利，马主管。"小刘兴奋地说，"我花了很多时间向客户解释我们公司产品的性能，让他们了解到我们的产品是最合适他们的，并且在别家再也拿不到这么合理的价钱了，因此很顺利就把公司的机器推销出去100台。""不错。"马林赞许地说，"但是，你完全了解了客户的情况了吗？会不会出现反复的情况呢？你知道我们部的业绩是和推销出的产品数量密切相关，如果他们再把货退回来，对于我们的士气打击会很大，你对那家公司的情况完全调查清楚了吗？""调查清楚了呀！"小刘兴奋的表情消失了，取而代之的是失望的表情，"我是先在网上了解到他们需要供货的消息，又向朋友了解了他们公司的情况，然后才打电话到他们公司去联系的，而且我是通过你批准才出去的呀！""别激动嘛，小刘。"马主管讪讪地说，"我只是出于对你的关心才多问几句的。""关心？"小刘不满道，"你是对我不放心才对吧！"

分析一下马主管与小刘沟通中存在的问题，并说明应该如何改进。

第十二章　客户拜访与沟通

客户拜访、跟踪、了解客户需求、商务洽谈等的效果必须通过有效的客户沟通来实现。客户沟通不仅要及时正确判断客户的需求状态，最重要的是通过沟通，最终赢得客户的信任而成单。

优质的客户服务将令客户感到满意。哪怕只有一个客户服务代表对客户的需求不够关注，公司就有可能流失70%的客户。因此，努力提升客户满意度极为重要。如果客户对服务有一次不满意，那么你将花费12倍的努力才能弥补这次不愉快经历所造成的损失。通常，客户不会给你太多补偿机会，因此必须一开始就向客户提供良好的服务。在客户看来，你代表的就是公司。客户与你的接触将直接影响他们对企业印象的好坏。

在与客户的每次接触中，你都在传递着信息，信息积极与否取决于你的沟通技巧。客户是否愿意与你继续保持生意往来，很大程度取决于你是否有能力与他们进行有明确、积极、成功的沟通。因此，有效沟通成为客户服务中最为重要的技能之一。

第一节　客户拜访

一、客户拜访量是销售的生命线

做销售的只有"销售技巧"是不够的，一定要进行客户拜访，离开拜访量一切都将是空谈；你可以什么都不懂：对行业不了解，对产品不熟，不懂如何与客户打交道，但你不能不拜访客户。如果每天拜访8个客户，一个月下来拜访100多个客户，你就什么都会懂，客户会告诉你他们需要什么；做销售没有标准答案，如果有，也是客户教的；你拜访量越高，你的销售技巧也提高得越快。

很多人知道做销售的631法则，就是60%的拜访量，30%的销售技巧，还有10%是什么呢？是运气。没有60%的拜访量，天天坐在办公室里，不出去接近客户，也不太可能出现运气。客户拜访的数量与签单是成正比的，一个好的过程就必然会有一个好的结果。总之具有空杯的心态，加大拜访量，销售技巧也会一天比一天提高，必然产生好的销售业绩。

二、客户拜访的步骤

【案例】 小王是某企业的一名销售人员，一天，他发现了一个潜在客户，就高高兴兴去拜访。进门以后小王先亮明身份，接着就开始向客户介绍自己的产品。一开始的时候，小王还信心满满地向客户介绍自己的产品，并不时地劝说客户购买，然而这个客户也是一个身经百战的人，自然不会因为小王随便的几句话就购买他的产品。于是，当客户问小王所在企业的生产规模和能力、企业在同行中的地位、企业的文化、企业的销售策略等问题时，小王的回答总是支支吾吾的。说到产品和竞品相比价格，因为小王对竞品不了解，导致小王无法回答，使小王的气势逐渐消退。紧接着，客户又开始就小王谈话中的漏洞进行反问，这使得小王更加手足无措……最终导致拜访失败。

这个案例充分说明了"不做准备就等于准备着失败"，拜访客户前做好充分准备是重要而且必要的。

第一步：拜访前准备

1. 做好拜访计划安排

依据重点工作制订计划：主要以信息客户和收款客户为中心制订计划，拜访对象也是前面对象的周边客户。

依据指标完成制订计划：主要做指标分解工作（销售、回款、拜访），寻找最可能完成任务的方向开展工作。

依据市场情况制订计划：依据地区或行业的工程状况制订计划，不以信息或完成指标为中心，工作计划的目的性体现在阶段任务完成。

2. 明确拜访目的

3. 安排好客户拜访路线

4. 注意仪表仪容

外部形象：服装、仪容、言谈举止乃至表情动作上都力求自然，就可以保持良好的形象。

控制情绪：不良的情绪是影响成功的大敌，我们要学会管理好自己的情绪。

投缘关系：清除顾客心理障碍，建立投缘关系就建立了一座可以和顾客沟通的桥梁。

诚恳态度："知之为知之，不知为不知"这句古语告诉我们做人的基本道理。

5. 资料准备

"知己知彼百战不殆"要努力收集到顾客资料，要尽可能了解顾客的情况，并把所得到的信息加以整理，装入脑中，当作资料；尽量获得客户的基本情况，例如，对方的性格、教育背景、生活水准、兴趣爱好、社交范围、习惯嗜好以及和他要好的朋友的姓名等。此外，还要了解对方目前得意或苦恼的事情，如乔迁新居、结婚、喜得贵子、子女考大学，或者工作紧张、经济紧张、充满压力、失眠、身体欠佳等。总之，了解得越多，就越容易确定一种最佳的方式来与顾客谈话；还要努力掌握活动资料、公司资料、同行业资料。如产品说明书、企业宣传资料、名片、计算器、笔记本、钢笔、价格表、促销宣传品等。

6. 时间准备

如与顾客预约好时间应准时到达。但到得过早会给顾客增加一定的压力，到得过晚会给顾客传达"我不尊重你"的信息，同时也会让顾客产生不信任感，最好是提前 5~7 分钟到达。

7. 心理准备

信心准备：事实证明，营销人员的心理素质是决定成功与否的重要原因，突出自己最优越个性，让自己人见人爱，还要保持积极乐观的心态。"相信公司、相信产品、相信自己"。

拒绝准备：大部分顾客是友善的。客户在接触陌生人的初期，如果没有事先准备，一般会产生本能的抗拒和保护自己的方法，找一个借口来敷衍你，但切记他并不是真正讨厌你。

知识准备：上门拜访重要的是要制造机会，制造机会的方法就是提出对方关心的话题。

8. 十分钟法则

开始十分钟："见面三分情"，与客户首次见面开始的十分钟很关键。这十分钟主要是消除客户陌生感。

重点十分钟：了解顾客需求后自然过渡到谈话主题，为避免顾客戒心千万不要画蛇添足超过十分钟。这十分钟以情感沟通为主，判定客户是否为目标顾客。

离开十分钟：为了避免顾客反感导致拜访失败，最好在重点主题交谈后十分钟内离开，给顾客留下悬念。

第二步：登门拜访

1. 敲门：

进门之前就先按门铃或敲门，然后站立门口等候。敲门以三下为宜，声音有节奏但不要过重。

2. 话术

"××经理在吗？""我是××公司的小张！"主动、热情、亲切的话语是顺利打开客户心灵窗户的金钥匙。

3. 态度

进门之前一定要显示自己态度——诚实大方，同时，避免傲慢、慌乱、卑屈、冷漠、随便等不良态度。

4. 注意

严谨的生活作风能代表企业与个人的整体水准，千万不要让换鞋、雨伞等小细节影响大事情。

如何能见到客户？一般的做法是：

（1）电话联系：一般不易约见，可以先了解其大概地址。

（2）见面：通过已见面的客户，将其他客户的具体地址了解清楚。

（3）集中见面：去产品保有量高的区域可以集中见到一些客户。

（4）介绍：通过一些客户的介绍，去约见其他客户相对容易。

（5）推荐：通过核心客户的推荐可以见到更多的客户。

第三步：观察判断、巧用赞美

拜访过程中会遇到形形色色的客户群，每一个客户的认知观和受教育程度等是不同的，但有一件事要强调——没有不接受产品和服务的顾客，只有不接受推销产品和服务的营销人员的顾客，顾客都是有需求的，只是有选择哪一种品牌或服务的区别而已。

赞美：人人都喜欢听好话。善用赞美是和客户拉近距离的最好的武器。

话语："您家真干净""您今天气色真好"；房间整洁、布置；客户气色、气质、穿着等都是你赞美的对象。

层次：赞美分为直接赞美（阿姨您看上去真年轻）、间接赞美（阿姨，墙上那照片是您儿子吧，看上去真英俊，一定是个知识分子，相信阿姨一定是个教育有方的好妈妈)、深层赞美(阿姨,您看上去真和蔼)三个层次,赞美的主旨是真诚,赞美的大敌是虚假。

如何提高拜访量?

(1)地址。熟悉自己区域内每个客户的详细地址,把客户地址按详细地址和大概地址进行分类。

(2)路线。设计出几个容易见到客户的集中路线;避免单纯的放射性线路;应采用折线方式行进,不留死角;不能忽视对区域边沿地区的开发。

(3)习惯。了解客户的工作习惯;了解客户的生活习惯;根据客户习惯确定拜访时间。

(4)约定。核心是提高时间的可控性;约定时间范围,引起客户重视。

第四步:客户拜访后信息资料整理

(1)每天记录:每天下班后尽可能将所有零散信息记录下来。

(2)及时转移:如果得知其他区域的客户信息,及时将该信息转移给其他销售人员,力求做到信息共享。

(3)有效对策:了解只是销售的第一步,需要制定有针对性的策略并落实到销售行动中去。

(4)按时反映:任何事情发生时,都要及时反映给销售经理,有助于公司整体应对。

(5)逐步完成:将不完整的信息有计划地完善归档。

第二节 客户跟踪

销售人员必须得学会跟踪,美国营销学会有一组有趣的统计数据很能说明问题。即2%的销售是在第一次接洽后完成,3%的销售是在第一次跟踪后完成,5%的销售是在第二次跟踪后完成,10%的销售是在第三次跟踪后完成,80%的销售是在第4至11次跟踪后完成。

1. 客户跟踪的目的

通过跟踪,使你的客户记住你,一旦要购买产品时,让他首先想到的是你,而不是别人;同时,把潜在的客户变成现实的、愿意选购自己产品的客户。

2. 客户跟踪的方法

(1)做好客户资料的收集工作。尽量收集客户的有关信息资料,了解客户经营情况，以便进一步跟单，确定目标和方法。

（2）学会分析客户心理。①A类客户：就是已经答应了订单，却迟迟没有签合同的客户。对A类客户，应及时拜访，一定要面谈为好，不能面谈的，一定要通过电话问清楚客户还存在什么困难，及时帮客户解决。②B类客户：想买设备，但不直接拒绝，也不下订单的客户。这类客户很可能是有资金问题或还处在和同类产品进行比较的购买决策期。这种客户是短期内应争取的客户，但不能跟得太紧，一周一个电话比较合适。③C类客户：只是问问价钱，目前并不是真的需要设备的客户。对于这样的客户，在第二次跟单后就应做出判断。这类客户是需要长期争取的客户。这种客户的跟单周期可以长一些，一个月一次为好。

（3）做好跟单登记工作，最好写清楚日期和简单的情况。做好跟单登记是避免把跟单变成骚扰的最好方式。因为有了登记，也就把你的跟单变得有计划和有目标。需要注意：一个公司不能有几个销售员同时跟一个客户，这样不但达不到跟单的目的，还会引起客户的反感。

（4）跟单的心态要平和，不要太急功近利。许多销售员不是从客户的利益出发，不关心客户的问题，一味地跟客户要订单，要不到订单时，就恶语伤人，胡搅蛮缠。最终只能让客户讨厌，让客户感到不是在谈业务而是一种骚扰。跟单一定要从长远出发，以交朋友的心态反而更容易拿到订单。

（5）即使跟丢了，也要保持与客户的关系，争取下一次。任何销售高手都不能保证每次跟单都成功，与客户维护好关系最重要，下一次就有可能成功。只要在客户心中留下较深的印象：职业、专业、敬业、诚信，客户会给我们机会的。

3. 客户跟踪常存在的问题

没有在思想上重视跟单，认为客户会找我们的；跟单太随意，想起来就联系，忘记了就长时间不联系；害怕跟单，跟得松客户会跑掉，跟得紧客户会烦；跟单太紧，会变成对客户的骚扰。

4. 对不同的客户采用有差异的跟单方式

（1）A类：已经准备购买本公司代理品牌，正在决定购买时间；每2~3天电话联系一次。

（2）B类：对本公司代理的品牌感兴趣；上门拜访，每周电话联系一次。

（3）C类：明确有购买意向；上门拜访，根据拜访情况确定跟单时机。

（4）D类：潜在客户；每月联系一次，让客户时刻记住你和你的产品。

第四节 同客户沟通

1. 沟通的语言

（1）简明、扼要、完整。

错例：我是广州金诚电子产品有限公司的。

建议：我是金诚电子的，我们是一家广州的公司。

（2）用客户熟悉的语言。

错例：我们是做"掌中控"的。

建议：我们是做教育中控的，最近新推出了一款支持手机远程控制的中控系统，叫作"掌中控"。

（3）说话要有重点有层次。

错例：我们是做××××、××××和××××的。

建议：我们是做××××的，主要应用在××行业。（突出你主要想推荐的产品就可以了）

（4）有礼貌，但是不要太官方，给人以距离感。

错例：您好，我是金诚电子的，我们是一家广州的公司，我司主要是做××××的，产品主要用在××行业。请问贵司……

"我司""贵司"或者"贵公司"看似是很有礼貌的一种说法，实际上并没有太多人喜欢这种口头语格调，这种说法比较适合于书面的文字。如果直接说"你们公司""咱们公司""您那边"反而容易拉近和客户的距离。

2. 如何寻找话题

（1）仪表、服饰："阿姨这件衣服非常上档次，您是在哪里买的？"

（2）乡土、老家："听您口音是湖北人吧！我也是……"业务员可以以这种提问方式接近关系。

（3）气候、季节："这几天热得出奇，去年这个时候好像不怎么热……"

（4）家庭、子女："我听说您家儿子去年考上北大了……"

（5）饮食、习惯："我发现你们这里天府人家酒店不错，很有川味特色，有时间咱们一起聚聚。"

（6）住宅、摆设："我觉得这里布置得特别有品位，您是搞这个专业的吗？"

（7）兴趣、爱好："您的书法写得这样好，真想向您学一学。"

(8) 文化:"王总,你们的企业文化提炼得非常好,给我印象很深……"

3. 控制说话的节奏

(1) 在沟通的时候,要控制说话的节奏,以此来确认你所说的话客户是否听清楚了、理解了,是否感兴趣。

错例:您好,我是金诚电子的,我们是一家广州的公司,主要是做×××的,应用于××行业的。我们的产品有几大系列……有几大优势……

建议:您好,我是金诚电子的,我们是一家广州的公司,主要是做多媒体控制系统的,我在网上看到咱们公司好像也有做这方面的工程项目,对吗?

(2) 在沟通的时候,切忌只说不听,有效的聆听会让沟通事半功倍。

①让客户觉得受到尊重。

②充分了解客户的信息和需求。

(3) 不到万不得已,不要打断客户的说话。

①错例:不好意思打断一下,您说的我已经明白了。

当客户已经喋喋不休地说了很久,重点的意思已经表达清楚,或当客户已经跑题了,才可以打断客户说话。

②用提问的方式打断客户。如:对不起,您刚才说的有一点我不明白……

③用重复的方式打断客户。如:对不起,您刚才说的意思是……吗?

4. 有效提问

优秀的业务人员都拥有一副伶牙俐齿,但"顾客不开口,神仙难下手"。因此进行有效提问,让客户主动讲话和我们进行有效沟通非常重要。

(1) 提问注意。

确实掌握谈话目的,熟悉谈话内容,交涉时才有信心;预测给对方留下良好的第一印象,准备好见面最初 15~45 秒的开场白提问。

(2) 提问必胜绝招。

①尽量向对方表示亲密,尊敬对方。

②尽可能以对方立场来提问,谈话时注意对方的眼睛。

③特定性问题可以展现你的专业身份,由小及大,由易及难多问一些引导性问题。

④问二选一的问题,帮助犹豫的顾客做决定。

⑤先提问对方已知的问题,再引导性提问对方未知的问题。

⑥问顾客关心的问题。

5. 注意倾听

同客户沟通时要特别重视运用下面的倾听技巧：

①让对方把话说完（不插话）。

②允许别人有不同观点（求同存异）。

③听的过程：点头、微笑、赞许。

④先赞许客户，然后提出建议。

⑤不走神，看着对方的眼睛。

⑥注意对方的非语言因素。

⑦收集、记住并总结对方的观点。

⑧如进行较正式的座谈，一定要在笔记本上记录对方的重点。

倾听应注意：

①了解客户的基本情况以及其心理和需求，洞察其异议的真正原因。以聊天的方式，寻求与顾客的共鸣点，掌握与顾客说话同频率的原则，让顾客感到一种"错觉"，即：你与他是同类型人，增进好感，以产生共鸣效果，借机多了解客户的家庭背景，及时补充进客户的个性化信息。

②耐心、详细地为客户介绍公司情况、产品性能、优惠商务政策，选择合适的切入点投其所好，要反应灵活，抓住沟通主题引导客户的购买选择。

③对有异议的新顾客，不可过分向其推介产品。

④对一些仍未下决心的顾客，千万不可勉强，说明火候未到，可先冷却一段时间，可以安排一般客户回访。

【案例】 对客户情绪判断能力

情绪影响人们的喜好，营销人员对潜在客户情绪的判断对初期建立恰当的客户关系非常重要。下面是一个电话初访的实例。

李泉：张科长，您好，我是温州瑞华汽车塑品有限公司的李泉。给您电话是想给您寄一份材料，我们主要生产汽车仪表盘，福特轿车国内采购的仪表盘就是我们生产的。希望能有机会为您服务。

张科长：我们去年已经订购了，这都什么时候了，你们才来电话，今年不要了。

请判断，张科长接这个电话时的情绪，有4个候选答案：

（1）张科长对订购仪表盘的事情不是很满意，但是，现在重新考虑已经晚了。潜台词是比较遗憾。

（2）张科长对李泉没有任何敌意，只是眼前没有精力和空闲谈这个事情，潜台词是以后可以再谈。

（3）张科长有些反感，肯定接到过类似的销售电话，所以没有什么兴趣。潜台词是你知难而退吧。

（4）张科长没有明确的倾向，听之任之，你要坚持，就谈，你要退却，就走。

李泉认为还没有足够的信号判断张科长目前的情绪，因此，他立刻转移目标：

李泉：张科长，其实是否签单、是否订货都不重要，您是甲方，我是乙方，咱们以前也没有打过交道，我这样贸然给您打电话已经很唐突了，还请您原谅。

张科长：没有关系，都是做生意嘛，现在的确不考虑这个事情了，年底你再联系我。

信号非常清楚。首先，张科长在李泉的停顿中主动接上了话语，而且第一句话是"没有关系"，属于认同、承接性的话。最后，客户使用了命令句"年底前你再联系我"，表明一种接纳，也说明他喜欢支配和命令，需要投其所好。

李泉：好的，年底我给您电话。不过现在不谈采购的事情，有机会我得向您学习、请教呢！眼下仪表盘加工企业鱼龙混杂，客户需要和关注的是什么，我很想听听您这样的专家的意见。不过也不能耽误您太多的时间，周末您有空吗？

后来，他们约好了时间，见了面。李泉请教了加工企业发展的真经，张科长将仪表盘的订单要求、批量、目前进货的价位等一一告知。第二年，订单全部被温州瑞华塑品拿到。

通过让步式邀约、转移销售的目的、强化对方的长处，这使对方感觉到受用，并有给予指点一下的欲望。

第四节　产品介绍

一、介绍产品时，一般应该做到如下几点

（1）对产品进行陈述时不要结结巴巴，清楚表达，确保客户明白你的话。

（2）按逻辑顺序介绍产品介绍、特点及优势。

(3) 询问客户该产品的优点是否能够满足他们的需求。
(4) 不要打断客户的话,提问后,要让客户做出回答。
(5) 使用相关材料时要保持目光交流,提具体问题看客户是否模糊不清。
(6) 帮助客户了解这些产品如何使他获益。

二、介绍产品的方法:FABEC 法

F(Feature)特征:简洁说出产品的特征。
A(Advantage)优点:重点突出产品的优点。
B(Benefit)顾客利益:努力和顾客的利益相结合。
E(Evidence)证据:举出证据来证明、解释。
C(Confirmation)确认:尽量得到客户的确认。

三、FABEC 方法的运用

(1) 特征:×××的装载机采用了大马力的发动机。
(2) 优点:装载机储备了足够的功率,以便应对各种工况。
(3) 顾客利益:现在大多数客户只有一两台装载机,工地上的情况又很复杂,甲方要求怎么干,就得怎么干,若储备功率小,长期下去非常容易毁机器,机器就跟人有内伤似的,想根治很难。
(4) 证据:您看李老板的装载机快两年了机器还跟新的一样,吴老板的×××装载机(竞品),才买了一年,现在车又慢又没劲,当然也跟机手不好好保养有关。长期小马拉大车,发动机三五年以后就毁了(可以辅之功率数字对比)。
(5) 确认:我们的发动机寿命比以前提高了××%,第一次大修时间从平均×××小时上升到×××小时。

附1:沟通测试

测试目的:你受客户的欢迎程度如何。
评分标准:45~54 分:你肯定是一位很受客户欢迎的业务员,你已熟练掌握了接近客户的技巧。30~45 分:你的沟通技巧受人称道,你仍有进一步完善自己沟通技巧的空间。15~30 分:你的业务沟通能力已经有了一定基础,但还有很多需要改进的地方。0~15 分:你的沟通能力存在很大问题,需要花

大气力提高。

测试题：

检测项目		得分
保持良好的个人形象	①发型整洁（2分）	
	②衣着得体（2分）	
记住并常说出客户的名字	①知道客户的业余爱好（4分）	
	②了解客户的工作成就（4分）	
让客户有优越感	①能有针对性地称赞客户（5分）	
	②言语得体，令客户愉悦（3分）	
	③充分尊重客户的意见（3分）	
替客户解决问题	①了解客户的行业特点（4分）	
	②知道困扰客户的瓶颈问题是什么（5分）	
	③能及时反馈产品改进方案给客户（4分）	
	④以客户为中心（3分）	
自己保持快乐开朗	①与客户交谈时面带微笑，亲切自然（3分）	
	②每天上班前自我沟通3分钟，保持愉悦自信的工作状态（5分）	
	③用友善的态度来面对客户公司的每一位员工（3分）	
利用小赠品	①通过小赠品传递友好的信息（2分）	
	②通过小赠品完成公司对外形象宣传（2分）	

附2：案例研讨

案例：业务代表A：你好，我是大明公司的业务代表小周。在百忙中打扰你，想要向你请教有关贵商店目前使用收银机的事情。

例一：商店老板：你认为我店里的收银机有什么毛病吗？

业务代表A：并不是有什么毛病，我是想是否已经到了需要换新的时候。

商店老板：对不起，我们暂时不想考虑换新的。

业务代表A：不会吧！对面李老板已更换了新的收银机。

商店老板：我们目前没有这方面的预算，将来再说吧！

例二：业务代表 B：刘老板在吗？我是大明公司业务代表小李，经常经过贵店。看到贵店一直生意都是那么好，实在不简单。

商店老板：你过奖了，生意并不是那么好。

业务代表 B：贵店对客户的态度非常亲切，刘老板对贵店员工的培训一定非常用心，对街的张老板，对你的经营管理也相当钦佩。

商店老板：张老板是这样说的吗？张老板经营的店也是非常的好，事实上，他一直是我的学习目标。

业务代表 B：不瞒你说，张老板昨天换了一台新功能的收银机，非常高兴，才提及刘老板的事情，因此，今天我才来打扰你！

商店老板：喔？他换了一台新的收银机？

业务代表 B：是的。刘老板是否也考虑更换新的收银机呢？目前你的收银机虽也不错，但是新的收银机有更多的功能，速度也较快，因而会让顾客更喜欢光临你的店。请刘老板一定要考虑这台新的收银机。

阅读案例，并比较案例中业务代表 A 和 B 的接近客户的方法，分析业务代表 A 接近客户环节中存在的问题和不足，说说业务代表 B 值得肯定的地方。

第四篇

第十三章　电话沟通

现代社会，各种高科技通信工具拉近了人与人之间的距离，即使远隔天涯，也可以通过电话、视频近若比邻。现代人的工作、生活中，与人沟通交往几乎已经离不开电话了。电话是业务伙伴与顾客沟通、联系的重要工具，有时顾客会通过电话粗略地判断你的人品、性格，决定见不见你。很多时候，一笔生意的成败，可能就取决于一个电话。

那么，如何让对方从电话中感受到你的热情友好，留下诚实可信的良好印象呢？学习和掌握基本的电话沟通技巧和礼仪是很有必要的。

第一节　电话形象

电话是双方不见面的一种沟通方式，它是通过电话线或电波来传递信息的。因此，你无法通过你的肢体语言来帮助自己传递这种信息，因此你只有在语言上下功夫了。如果你的语言和声音能表现出尊重对方，礼貌热情，就会给对方留下良好的印象。这就是电话沟通最基本但也是最重要的要求。

在电话沟通中，一定要记住：我是我，但我又不是我。作为一个独立的人，我只属于我，我所做的一切，都是为了将我的生命意义最大限度地张扬；但是，在我只属于我的同时，我又不属于我，因为当我打电话的时候，我代表着整个公司的形象。别人对于公司的认识是通过我来了解的，所以，我属于我的同时，我更属于公司。

在电话沟通中要塑造积极的自我形象：

（1）吐字清晰、音量适中、语速恰当。你的吐字必须清晰，语音大小及语速都应适中。一次把话说清楚比向客户重复多遍更有效率，听起来更专业。

（2）注意姿势。在电话沟通中，虽然客户不能看到你，但你的姿势仍然是一个重要的因素。当你笔直端坐时，你会下意识地以专业的态度与客户交谈。倘若你坐姿懒散，你就会不自觉地以一种漫不经心的态度对待你的客户。

（3）切忌吃东西、喝饮料。请记住，千万不能一边打电话一边吃东西、喝饮料或嚼口香糖。客户会很容易察觉到这些不礼貌的行为，从而会认为你和你的公司都不专业。

（4）微笑。微笑能使语言更具感染力，尽管客户无法看到，但他们仍然能够感觉到你积极的态度。客户可以根据你的语调判断你的态度是积极主动还是消极被动。

成功的销售来自顾客对你和产品的认同和信任，所以，你在电话中的语言和声音，是否让顾客感觉到了被尊重、被关注，是你能否感染并打动顾客，赢得顾客信任的关键。在双方面谈时，你的身体姿势、面部表情占谈话效果的55%，而电话交谈时却只闻其声，不见其人，即只能靠声音、语言沟通。因此，声音、语言就是电话的形象。

第二节　接听电话的技巧

1. 第一阶段：打招呼（语言握手）

（1）最完美的接电话时机是在电话铃响的第三声接起来。如果你在电话第一声铃响后接起来，对方会觉得突然；如果你在电话铃响了很多次才接，对方多少有点不悦。

（2）无论对方是谁，你都要让对方感到他得到了友好的接待，尽量使用"魔术语"如："请、请稍等、谢谢、对不起、再见"等。

（3）使用合适的问候语："早上好""下午好""晚上好"或"您好"。

（4）告诉对方自己是谁，以免误打，或再次询问而浪费时间。

（5）确认对方是谁，然后致意问候："对不起，请问您是哪一位？……您好！"

（6）拨错号码是常有的事，接到拨错号码的电话，你不能一声"打错了"，然后重重地挂上电话，要语气温和地告诉对方："您打错了，这是××单位。"

2. 第二阶段：专心聆听并提供帮助

（1）放下手头事情，左手拿听筒，右手做好记录准备，专心致志地听对方讲的事情。

（2）不要在接电话的同时做其他事情，如吃东西、打字、阅读资料等。不要让任何事情分散你的注意力。否则是很不礼貌的，对方也很容易觉察到你心不在焉。

（3）如果电话要找的人不在或正在忙着其他事不能抽身，不要只告诉对方不在，或正忙，要告诉对方你想怎样帮助对方，让对方感到你的热情。如："对不起，陈先生现在正在接另一个电话/陈先生出去了，请问我可以帮他留言吗/我可以让他打电话找您吗/您可以过5分钟后再打来吗/如果您愿意的话，请留下姓名和电话号码，我让他打电话给你，您看行吗？"等。

（4）以请求或委婉的语气，不要以要求的方式让对方提供信息。不要说："你叫什么名字？"或"你的电话号码是什么？"要说："请问我可以知道你的名字吗？""王先生有你的电话号码吗？"

（5）转接电话的过程中，要捂住话筒，使对方听不到这边的其他声音。

（6）重复和确认是电话沟通中非常重要的技巧之一。为了防止听错电话内容，一定要当场复述。特别是同音不同义的词语及日期、时间、电话号码等数字内容，务必养成听后立刻复述、予以确认的良好习惯。如1和7、11和17等当说到日期时，不妨加上星期几，以保证准确无误。

（7）如果是顾客的抱怨电话，最忌争辩，最明智的做法就是洗耳恭听，让顾客诉说不满，一边认真琢磨对方发火的根由，找到正确的解决方法，用肺腑之言感动顾客。

（8）负责地回答所有问题，如遇不清楚的事情，或说其大意，或请了解情况的人接电话。回答问题不能含混不清。

3. 第三阶段：结束电话

（1）在通话结束前，要让对方感受到你非常乐意帮忙，表示谢意并道"再见"；要等对方放下话筒后，再放下话筒。

（2）对方还在说话时就挂断电话是很不礼貌的。

第三节　打电话的技巧

1. 第一阶段：打电话前的准备事项
（1）确认对方的电话号码，单位及姓名。
（2）准备好纸、笔及相关资料。
（3）写下要说的事情及次序。

2. 第二阶段：打招呼（语言握手）
（1）电话通后，要先通报自己的单位或姓名："您好，我是格力电器

(芜湖）公司的业务员小张。"然后确认对方的名字。

（2）礼貌地询问对方是否方便之后，再开始交谈。

（3）如果自己打错了电话，礼貌的做法是发自内心地道歉，可以说："噢，电话打错了，对不起。"默不作声就放下电话会使对方不快。

（4）在给身份地位高的人士打电话时，直呼其名是失礼的，应说："您好，我是××，我想跟×先生谈谈××事情，不知是否方便？"

3. 第三阶段：讲述事由

（1）讲述事由要简明扼要，声音和蔼，遵守5W1H原则：When，Where，Who，What，Why，How（时间、地点、人物、事件、原因、怎么做）。

（2）简单地重复一遍事由，既重复重点，也要听取对方所谈事情。

4. 第四阶段：结束通话

在通话结束前，表示谢意并道"再见"，如："李先生，谢谢您，再见！"

【案例】 小林刚受到领导的批评，心情不好。这时办公室桌上两部电话同时响了起来，小林拿起一部，没好气地说："你好，华润公司，请讲。"

"我是周洲，请转告刘助理，我明天9点下飞机，叫她派车来接，同时带上编号TG5193的那份合同，我有急用。千万别忘了。"这个电话的声音有些含混不清，显然是用手机从远距离打来的。

另一部电话仍然在响。小林拿起电话："喂？"

"化工公司吗？我找李主任。"

"什么化工公司？"

"你们是生产肥料的嘉华化工公司吗？我找销售部李主任。"

"我们是华润公司，你打错了。"说完把电话重重地一挂。

一会儿，刘助理走过来问。

"小林，周副总有没有来过电话？"

"是叫周洲吗？刚来过。"小林想起了要通知刘助理的那个电话。

"他说了些什么？"刘助理问。

"他说要你接机，好像还要带份文件。"

"哪个航班，几点，哪份文件？"刘助理问道。

"这个，我记不清了。"小林红着脸低下了头。

应该指出，小林在接电话过程中存在了很多的问题，主要是：一是没有控制好情绪，不管什么情况下，都要面带微笑，温和礼貌接电话。二是小林没有做好电话记录。三是在听不太清楚的情况下应让对方再重述一遍，或者再拨回去搞清楚,因为是领导交代的重要事情。四是第一个电话还未完成,也未向对方解释和抱歉就接了第二个电话,很不礼貌。五是不能粗暴对待打错的电话。不要说"打错了"就马上挂掉,而应礼貌地说"我想你拨错号码了",再挂。六是要善于自制,正确对待领导的批评。不能将负面情绪带入工作中去,使工作状况更恶化,错上加错。

第四节 电话沟通中的其他注意事项

1. 别在电话中进行产品说明

不要谈产品的细节,那样会拉长谈话时间,顾客也不见得就听得懂,更可能听一听就不耐烦地挂掉电话,连见面的机会都没有。

2. 打电话的时机

往对方家里打电话,应避开早晨8点钟以前,晚上10点钟以后。往单位打电话谈,最好不要在刚上班时和临下班前10分钟。对方不方便接听电话如在高速路上、吃饭时、有重要的事情时都不适宜继续谈话。

3. 谁先挂电话

通常是打电话一方先放电话,但对业务伙伴来说,如果对方是顾客,应让对方先放电话,或待对方说完"再见"后,等待2~3秒钟再轻轻挂断电话,以示尊重。无论通话多么完美得体,如果最后毛毛躁躁"咔嚓"一声挂断电话,则会功亏一篑,令对方很不愉快。因此,结束通话时,应轻轻地挂断电话,这才是换位思考,关注对方感受。

4. 不要使用简略语、专用语

尽量少用简略语、专业用语尤其是英语的缩写,过于专业的表达,会让对方听得云遮雾绕,沟通上反而有距离,甚至觉得你在卖弄,对你产生厌烦感。

第五节 其他电子媒介沟通简介

如果人们要进行远距离沟通,面对面的方式就不可行了,必须借助一个媒介来传递信息。除了上述介绍的传统的电话沟通之外,诸如电子邮件、音频、视频会议等新型电子媒介,正在日益丰富着我们的沟通形式。

一、电子邮件

电子邮件打破了时间和空间的限制,让工作时间或工作地点不同的人们能够有效地沟通。电子邮件让人们能够同时给几个人发送信息,并能发送电子文件、图片或文档等附件。但电子邮件的普及导致其被滥用,而且往往被用于不正当的目的。因为电子邮件几乎不包含人们的外貌特征和气质形象方面的信息,也不能传达微妙的手势或者非言语的暗示,它可能被误解或者曲解,导致矛盾产生。而面对面的沟通则没有这些问题。因此,许多研究人员和经理们建议,对有争议或者敏感的问题进行沟通时,应避免使用电子邮件。

二、即时讯息

即时讯息简称 IM,是一种接近于实时进行的文字信息沟通,它可以在两个或更多用户之间进行。它和普通电子邮件的不同之处在于,它的信息沟通立即就完成,而且进行"对话沟通"相当简便。因为参与人员是"好友名单"上的,即时讯息有一种浓厚的社区气氛。在很多情况下,这种气氛有助于建立有效的沟通区域。用来发送没有争议的信息给一大群人,IM 是行之有效的沟通方式。但它不适合所有的场合或者工作关系。两个工作联系不是很紧密的人对于这种亲密的实时聊天可能会感到尴尬,而两个试图解决难题的人可能会认为即时讯息的固有缺陷妨碍了解决问题的进程。

三、音频会议

电话方便快捷、使用简单,加上今天的语音邮件功能,在沟通方面具有很大的灵活性,即使另一方不能接听电话也没关系。和电子邮件或者即时讯息相比,音频会议最突出的优点是,与会者之间有了更加"实质性"的接触。在音频会议上,与会者可以通过改变语气、音调或者音量,使用停顿和语气词(嗯、呃),来衔接话题,增加音频本身没有的弦外之音。不幸的是,音频会议最大的缺点是看不见与会人员。最近一个调查显示,在音频会议上只有23%的人在全神贯注地开会。总的说来,音频会议在一些商业应用上非常有效,但它也让与会者更容易做其他与会议不相干的事情。

四、带音频的网络会议

网络会议增加了一定的视频信息,能让与会者观看 PowerPoint 演示,在主持人引导下浏览网络，或者和其他人沟通、讨论文件。网络会议和网络音频或者视频不同，与会者在参加远程会议的同时，可以通过浏览器共享文件。它是一种相对方便和有效的团队协作技术，有不少独到之处，可以增强团队的会议体验。然而，网络会议和音频会议类似，与会人员是隐蔽的。所以，与会人员往往在会议过程中"忙私活"。如果要建立合作关系或者促进团队工作，网络会议和音频会议都不是理想的选择。

五、信息流

信息流也叫网络传播（webcasting），它将极具震撼力、内容丰富的信息传输给任何一个拥有电脑和网络浏览器的人。凭借它，人们可以在互联网或者公司内部网上快速传输音频和视频文件，用户不必苦苦等候文件下载就可以看到视频画面或者听到声音。

在一个直播或者实时的信息流中，参与人员被告知在预定的时间访问特定的网址，大家同时观看节目。而在一个存档的或者按需提供的信息流中，事件被转化成数字文件，储存起来供以后查看。这种情形不像现场直播一样直接，用户需要下载后才能观看。最重要的是，信息流本质上是一种从主持人到观众的单向沟通。假如一个议题需要与会人员讨论，或者要求发言人和与会者在预先准备好的提问和回答范围以外对话，信息流就不是最好的沟通方式。

六、视频会议

视频会议是一种召开现场会议的方法，它为处在两个或者两个以上不同地点的人提供面对面的会议。这种技术利用计算机网络把音频和视频数据传输到所有的会议地点。视频会议同样也提供远程共享其他媒介的方法，包括录像带、书写板和 PowerPoint 等计算机程序。

视频会议提供了面对面沟通的所有独特好处，而不用支付召集异地人员集中到一个会议室的直接和间接成本。在会议中，与会人员可以展示与工作相关的物品，如器械或者产品，这样就可以发现其他人是否在认真听取会议观点和信息并做出适当的反应。与会人员还可以被分成两个或多个小组，同时对问题展开讨论，推进决策进程。

附1：沟通测试

测试目的：测试一下你的电话沟通技巧。

评分标准：

题号	1	2	3	4	5	6	7	8	9	10	11	12	13	14	15
A	3	3	1	2	1	3	2	3	3	1	3	1	2	3	1
B	2	2	2	1	2	2	3	2	2	2	2	3	3	2	2
C	1	1	3	3	3	1	1	1	1	3	1	2	1	1	3

得分44分以上：优秀。你在电话中的表现非常得体，你几乎可以和每一个人融洽相处；你可能还会有某些地方需要改进，仔细检查一下你的答案，看看哪些题目你得的分数最低，那就是你的薄弱环节。

得分40~43分：良好。大多数时候，你在电话中的表现会令对方满意；不过你应该进一步提高你的技巧，检查一下你的答案，找出你的问题所在。不要只满足于现状，要不断改进。

得分35~39分：不错。你应该增强自信心，要相信自己，相信自己能做得更好，这会让你在电话中更加自如地与对方交谈。

得分30~34分：有待改善。你总是想着回答对方的问题，处于一个被动的位置，没有主动掌握双方的交谈过程。不管是接电话还是打电话，你都要尽量主动一些、积极一些。检查一下答案，看看哪些答案得了最低分，改进这些反面。你也应该自信一些，自如应付电话中出现的各种情况。

低于30分：各方面都须改进。你在电话中的表现不好，不能妥善处理出现的问题。

你感到打电话全无头绪吗？把你的答案与标准答案比较一下，考虑一下你该如何改进。

测试题：

1. 你平时对打电话的人是什么态度？
   A. 热情友好的　　B. 没有注意过　　C. 经常不耐烦
2. 你是否愿意告诉别人自己对工作的感受？
   A. 经常　　　　　B. 从不表露　　　C. 不经常

3. 你的个人问题总会影响你对工作的态度吗?
   A. 经常　　　　B. 偶尔　　　　C. 从不
4. 如果有人批评你的单位或公司的话,你通常有什么反应?
   A. 表示赞成　　B. 持反对意见　　C. 虚心聆听
5. 你的电话留言是否没有传达给合适的人?
   A. 经常　　　　B. 有时　　　　C. 很少
6. 打电话给你的人觉得你的耐心怎样?
   A. 很有耐心
   B. 不错,但应该再好一些
   C. 一点耐心都没有
7. 当你被人打扰时是什么反应?
   A. 你感到很恼火,但尽量去帮助他们
   B. 你很乐意为他们效劳
   C. 你告诉他们你很忙,建议他们找别人帮忙
8. 你的熟人认为你接听电话怎么样?
   A. 很好　　　　B. 有时还行　　　　C. 很糟
9. 在电话中交谈时你经常面带笑容吗?
   A. 经常　　　　B. 有时
   C. 为什么要微笑?反正他们看不到
10. 你接电话时说的第一句话是什么?
    A. 喂　　　　B. 你的单位名称　　C. 您好/早上好/下午好
11. 电话结束时你会向对方道谢吗?
    A. 总是这样的　　B. 有时会　　C. 只有当对方态度好的时候
12. 你觉得该怎样形容你自己的语调?
    A. 平平淡淡　　B. 和气友好的　　C. 清晰明了的
13. 在铃声响过多少次之后你会接电话?
    A. 2~3次　　　　B. 4~5次　　　　C. 超过5次
14. 打电话时,如果对方的回答达到了你打电话的目的,你会为此而致谢吗?
    A. 经常　　　　B. 有时　　　　C. 极少
15. 如果有人打电话询问一些事情,而你不太肯定答案的时候,你会怎样做?

A. 告诉他们你认为正确的答案
B. 告诉他们你不知道，请他们等一会儿，你去找找看
C. 告诉他们你不知道，表示歉意，并把问题的细节写下来，设法找到准确的答案，然后安排时间让他再打电话来（或者你打电话给对方）

附2：案例研讨

案例：小陈是某机关办公室的秘书。一次，他正在办公，突然电话铃声响了。此时，他正在整理文件，停了一会儿才拿起话筒问道："请问你找谁?"对方回答说找老刘，陈秘书随即将话筒递给邻桌的刘秘书说："刘秘书，你的电话。"没想到，刘秘书接到电话没讲几句，就和对方吵起来了，最后刘秘书大声说道："你今后要账时先找对人再发火。这是办公室，没有你要找的那个刘天亮!"说完就挂断了电话。

原来，这个电话是打给宣传科刘天亮的，结果打到了办公室，而对方只是含糊地说找老刘，小陈误以为要找刘秘书，结果造成了这场误会。

请分析陈秘书接电话时的问题出在哪里？

第十四章 会议沟通

会议,在汉语中有两种不同的含义。它既可以作为一种经常商讨并处理重要事务的常设机构或组织的名称,也可以被用来表示有组织、有领导的民主协商和决定某些事项的临时性集会,也就是我们通常所说的"开会"。在后一种含义上,会议和会是同义词,都是指人们的一种活动方式。随着社会的飞速发展和社会信息量的不断增长,会议已成为现代社会开展政务、经济、文化及其他活动的一种重要沟通方式。

第一节 会议的定义与类型

一、会议的定义

会议是指有组织、有目的的言语沟通活动方式,是围绕一定目的进行的、有控制的集会,有关人士聚集在一起,围绕一个主题发言、插话、提问、答疑、讨论,通过语言相互交流信息、表达意见、讨论问题、解决问题。筹划和召开各种会议,利用会议形式来传递信息、沟通意见、协调关系、也是公共关系常用的一种传播方式。

二、会议的构成要素

任何一个会议都必须具备会议形式、会议内容、会议人员、会议组织等4个基本的构成要素,其具体内涵是:

(1)会议形式要素:包括会议的名称、时间、地点、方式、规模、主持人等。

(2)会议内容要素:包括会议的指导思想、会议目的、会议议题、会议任务和完成会议任务的措施等。

(3)会议人员要素:包括会议主持人、会议正式出席人员、会议列席人员、特邀人员、会议来宾以及会议工作人员等。

（4）会议组织要素：包括会议组织工作、文书工作、生活服务工作、宣传及安全保卫工作等。

如果按照时间顺序纵向划分，会议的组织工作又可分为会前筹备工作、会间组织工作、会议善后工作。

三、会议的类型

虽然实际生活中的会议活动多种多样，令人眼花缭乱，但一般情况下，我们可以把会议分成如下五种不同类型：

（1）依据会议的性质可分为：立法性会议、决策性会议、党务性会议、行政性会议、群众性会议、征询性会议、显示性会议、交际性会议等。

（2）依据会议的内容可分为：综合性会议、专业性会议、专题性会议、咨询性会议。

（3）依据会议的方式可分为：常规会议、现场会议、电话会议、电视会议、广播会议、视频会议等。

（4）依据会议的规模可分为：特大型会议、大型会议、中型会议和小型会议。

（5）依据会议的周期情况可分为：定期会议、不定期会议和临时性会议。

第二节　会议的组织

一、会前准备

1. 确定会议的议题

会议议题，简单地说就是会议所要讨论的问题和决策的对象。任何会议应该有其明确的议题，一般由主管领导提出，由领导集体讨论决定。

安排会议议题应该注意以下几点：

（1）议题必须紧扣会议目标。

（2）议题数量要适中。

（3）各议题之间最好存在有机的联系，且按逻辑顺序排列。

（4）应清楚地指出各议题所需要讨论的时间。

2. 拟定会议议程

议程来源于拉丁语，其字面意思是"那些必须要做的事务"。会议议程应包括会议时间、地点、议题及参加对象。拟定会议议程就是按会上要讨论的问题的重要性和类别依次排序，并限定各项内容商议的时间。一般来说，主要的排前面，次要的排后面；迫切性强，需要立即做结论的，应往前排，时间余地大的，往后排；需要与会者高度集中讨论的问题往前排。

【案例】 星光公司一号项目进展推进会会议议程

日期：2017 年 10 月 16 日，星期一

时间：下午 2：30—5：30

地点：公司行政大楼第二会议室

会议目的：检查一号项目进展情况、推进项目进展

主持人：公司常务副经理

议程：

（1）公司副经理通报第四季度销售情况。

（2）一号项目经理杜民做关于 CPU 进展报告。

（3）一号项目副经理陈汉做关于 CASE 设计进展报告。

（4）一号项目设计室主任李强做关于软件进展报告。

（5）公司经理做总结讲话。

附件：

（1）CPU 进展报告。

（2）CASE 设计进展报告。

（3）软件设计进展报告。

3. 准备会议资料

为了帮助理解和日后的参考，会议要事先准备一些相关的资料。准备资料时应根据其用途，做到内容准确、简朴、易懂。对需要一定时间理解的资料，尽可能在会前发，以保证与会人员有充分的时间来研究。分发的资料中，还要规定用后的处理办法，特别是一些保密资料，应特别规定。

4. 确定与会人员

确定与会人员，实质上也就是要确定与会人员的结构和规模。在人员结构上，哪些人应参加会议，取决于会议的性质和目的。包括以下几类人：

（1）对会议主题有深入研究或对情况较熟悉的人。

（2）对会议目标及成果起关键性作用的人。

（3）有权做出决策的人。

在确定与会人员规模上，要本着精简高效的原则，一般控制在10人以内。事实上，与会者越多，能够充分利用个人才智的可能性就越少，主持人也就越难有效地控制会议的进程。

5. 安排会议时间

时间安排是会议成功的关键所在。安排会议时间包括：何时开会，开多长时间，何时结束，以及如何按时开始。时间安排不当，会出现很多问题，比如，会议太短，一半议题要留在以后讨论；会议太长，人们在多出来的时间里无所事事；时间分配不平衡，在某些议题上花太长时间，却匆匆跳过其他一些议题；等等。

会议的时间安排必须按照实际情况来计划、组织，以便会议顺利进行。

（1）何时开会：最合适的开会时间是所有必要出席的与会者都能出席的时间。

（2）会议时间：会议的起止时间要根据会议的性质来规定，不宜一概而论。根据大脑生理学的理论，要召开一个有效率的会议的最佳时限，包括中间休息，是3个小时，不休息两个小时。国外有些公司甚至规定，最长不能超过1小时，如果期间解决不了，只能认为议题太大，必须开小组会重新研究。

（3）如何按时开始：①在会议通知书上注明"请务必准时出席"的字样。②会议召集人要以身作则，让"准时"成为企业文化的一部分。③在会议记录上写下迟到者的名字，甚至予以公布，规定迟到者将受到惩罚。

【案例】 难以执行的规定

某国企董事长发现员工开会时迟到者居多，就制定了一条规定：迟到者罚款100元。规定制定出来的第一次会议，董事长自己迟到了。他马上解释说："各位实在是对不起，有一个重要的客人耽误了15分钟，下不为例。"第二次会议时，很多人开始迟到。

在上面的案例中，董事长第一次没有准时开会，却没有遵守惩罚措施，造成员工也不准时到会。

（4）何时结束：就像有开始时间一样，会议也应该有结束时间。但很多会议都没有具体的结束时间，凭着主持人的主观意愿，或任由会议自然进行，漫无边际地开下去。

6. 选择会议场所

在什么地方开会，如何布置会场等问题，也是开好会议的重要问题。

(1) 会场的选定。

(2) 会场的布置。

举行会议，必须根据会议的目标、人数、会场大小等情况进行合理恰当的布置，会议座位的布置应适合会议的整体风格和气氛，主要有剧场式、教室式、圆形会场、正方形或长方形会场、"U"形会场等。

(3) 会者座序安排。

二、会中控制

一次会议是否得以顺利进行，在很大程度上取决于主持人对会议节奏和方向的把握，以及对会议活动的组织协调，即会中控制的有效与否直接影响到会议的成功。

(1) 宣布会议的主题和目的。

(2) 根据会议议程顺序提出每个议题。

(3) 给每个人表述自己意见的机会。

(4) 控制讨论进程，发生与议题无关的细节时，应及时引导到议题本身。

(5) 如果会上出现各种不同的见解，主持人应该根据自己的理解将各自的观点加以概括。

(6) 遵守预定时间，不要拖延。

(7) 在每个问题讨论结束后加以概括，以便达成共识或做出决策。

(8) 在会议结束时，对已取得的结果进行概括。对于部分问题如确有必要做进一步讨论，可以安排在下一次会议进行讨论。

(9) 确定下次会议议题和时间。

三、会议记录

正式会议进行过程中的记录，通常在会后形成相应的文件。一份完整的会议记录资料对于会后执行会议决议、检查会议效果，甚至对下一次会议的召开都起着至关重要的作用。正式会议记录的内容包括下列基本要素：

(1) 会议名称、会议召开的时间、地点及会议主持人。

(2) 所有出席会议者及缺席人员。

(3) 讨论过的所有议程和议题，制定的所有决策。

(4) 会议结束的时间。

(5) 下次会议的安排，包括日期、时间、地点、主题。

通常会议记录的任务由会议秘书担任。会议记录并非易事，要做好这项工作必须注意以下几点：

（1）充分了解会议主题、目的及议程。

（2）可以用笔记录，也可以采用手提电脑直接录入，或同时采用录音、照相或摄影方式记录。

（3）记录时应紧跟会议进程。

（4）及时确认要点，澄清含混不清的观点。

（5）避免夹杂自己的主观意识。

（6）会后应将记录及时打印并校对。

四、会后工作

1. 整理会议纪要

如果会议讨论决定的事项涉及多个部门，多个单位，需要贯彻执行的，有案可查的，应尽快编好会议纪要，分发给有关部门、有关人员，以便分工负责，贯彻执行会议的决定。会议纪要力求简明扼要。

2. 报道会议消息

凡是需要进行新闻报道的重要会议，一般在会前应邀请或通知相关媒体记者到会，并向他们提出宣传会议精神的请求或建议。

会议秘书部门应积极与新闻单位配合，共同撰写稿件，并及时送交有关领导、部门审定，然后见报或播放，以推动会议精神的宣传、贯彻、落实。

3. 对执行工作监督检查

会议的决定应切实执行，并有进度报告以及责任人、监督人检查考核的时间、标准、方法等。会议纪要可以作为一项检查工作的依据。

另外，会议的善后工作内容还包括安排与会人员离会，归还租借设备、场地，做好会议财务决算等。这些工作都要有明确的负责人一一落实。

第三节　会议角色

一、主持人

1. 会议控制

（1）决定讨论主题。

(2) 明确讨论范围。
(3) 确保人们围绕主题依次发言。
(4) 尽可能做到公正，尽全力避免与会者的争论。

2. 会议引导
(1) 识别主题/问题。
(2) 交换和开发建议。
(3) 评价不同方案。
(4) 选择行动计划。

3. 促进讨论，处理不同意见
(1) 对争论双方或各方的观点加以澄清。
(2) 分析造成分歧的因素。
(3) 研究争论双方或各方的观点，了解协调的可能性。
(4) 将争论的问题作为会议的主题之一，展开全面的讨论，以便把会议引向深入。
(5) 若分歧难以弥合，那就暂时放下，按会议议程进入下一项。

4. 做出决定

【案例】 某公司的年终市场销售分析会议

某公司的年终市场销售分析会议正在进行，公司总经理担任会议的主席。在会议进行过程中，公司负责市场工作的副总经理提出，公司明年的市场营销重点应从"以巩固国内市场为主"转向"以开拓国际市场为主"。他希望他的设想能在这次会议上得到大家的支持和通过。但在会议进行过程中，负责市场营销的部门经理、副经理对这个设想提出了反对意见，他们认为国内的市场潜力还很大，而企业的资金实力不够，与其全面开花，还不如采用"各个击破"的方略，先在国内市场取得绝对优势地位。结果就此争论得不可开交。

如果你是会议主席，面临与会代表这种相争不下的局面，你准备如何解决？如果最终需要你就这次分析会议做总结，你又如何对"市场营销的重点"问题做总结？

二、与会者

与会者应具有以下知识和技能：
(1) 足够的与会议议程相符合的知识和技能。

(2) 谈吐清晰简洁。
(3) 积极倾听。
(4) 必要时能妥协和谈判协商。
(5) 忍受压力但避免破坏性的冲突。
(6) 独立的判断力。
(7) 创新意识、革新精神。

三、会议秘书

这一角色可以用来执行会议议程，也可以用来记录会议内容，其作用十分重要。因为他直接对主持人负责。其职责为：

1. 会前

详细查看会议日期、时间及会议各项准备情况；及时通知与会者，分发必要的背景资料。

2. 会中

做好会议记录，一份完整的会议记录对于会后执行会议决议、检查会议效果，甚至对下次会议的召开都起着至关重要的作用。

3. 会后

写好会议纪要或备忘录，核对必要的事实和数据，分发会议纪要，整理会议材料。

除了这三种角色外，某些会议还需要一些其他特殊的会议角色。如比较正式的会议，尤其是外部会议，需要有一定数量的人员从事服务工作，包括：安排视觉辅助设备、文书工作、水果饮料、餐饮住宿、交通考察等事务。

第四节 如何应对会议的困境

会议依赖于与会者的相互支持与配合。开会时出现问题是不可避免的，有时问题因为人而产生，有时因为程序或逻辑而产生。在任何情形下，主持者都有责任令讨论热烈，确保与会者都参与讨论，并保持讨论的正确方向。

一、某些人试图支配讨论的局面

在会议中，常常会出现"一言堂"的局面。如果我们会议的目的是找出不同观点,那么,广泛的参与是会议成功所必不可少的因素。有时有些人可能因为富有经验或职位较高而处于支配地位。当这种情形发生时,其他人通常就会只是坐着听。这时,主持者就应该提一些直接的问题,将与会者调动起来。如果其他办法都不能奏效,不妨尝试在中间休息时与那个人私下谈一谈,也许会有所帮助。

二、某些人争论不休

这种人可能自称无所不知,或者掌握的信息完全是错误的,或者是个吹毛求疵的人,喜欢插话打断主持者。在任何情形下,主持者都要保持清醒的头脑。通过提问,主持者可以引出这些人愚蠢的或牵强的发言,然后不再理睬他们。通常,这种人会激怒全体,会有人讲出不欢迎他们的话,然后一片沉默。这时,主持者可再问其他与会者一些直接的问题,从而维持会场讨论气氛的平衡。

通常,这个喜欢辩论的人会意识到状况,然后不再提出问题。但如果这个人不敏感的话,主持者就必须直截了当地向他指出,他这种吹毛求疵的做法扰乱了会议的进程,浪费了宝贵的时间。然后主持者立即向另一个人提问,以便让讨论继续下去。

三、某些人私下开小会

当与会者人数很多时,经常会发生这种情形。开小会往往是因为某个人想讲话,但又没有机会,或者某个谨慎的与会者在向大会提出某种想法前,想先试探别人的看法。通常,会议中有人开小会是不可避免的,不过这种小会一般比较简短,只有当小会时间持续长了才会成为一个问题。

一个解决办法是请这个人告诉大家他刚才所讲的内容,另一个办法就是沉默,然后看着那个破坏秩序的人。通常,这样很快就会恢复会议秩序。

四、习惯性的跑题者

我们可以运用 FAST 法来解决这个问题。这一谈话技巧可以训练一个习惯性跑题者采取一些更富有建设性的行动:

F——面对造成问题的人。

A——感谢或肯定这个人以及他/她的良好意图。

S——建议一种新的行为方式。

T——多做几次尝试，可以逐步改变或者提高你的要求：例如，假设小王总是在开会的时候讲很多的笑话。他是个很风趣的人，但是他总是会让会议跑题。为了管住他：

F——注视他，说："小王，我有个建议……"

A——"首先，你的笑话都棒极了……"

S——"但是我仍然不清楚你那聪明的脑袋对这个问题真正是怎么看的。说真的，你是否能够告诉我们你的建议？"

T——如果他还是没有改变，或者你可以更加严厉一些："别这样了。我们已经乐过了，但是现在的要点究竟是什么呢？"

如果这些公开的干预仍然不能够见效，你可以问小王是否可以在休息的时候和他单独谈一谈。私下里告诉他：你看到了他做的那些事情，你如何评价他的这些做法，你的感受和你希望他做些什么。这样的谈话可以比公开场合中的语气更为坚定和严厉。

附1：沟通测试

测试目的：测试一下你是否了解会议沟通的基本要求。

测试题：

单项选择题

1. 不同的会议类型有不同的目的，下列会议类型与会议目的对应错误的是：

   A. 问题解决型会议的目的是解决遇到的一个或几个问题

   B. 制订计划型会议的目的是复制既有的计划

   C. 信息传达型会议的目的是把详细信息传达下去

   D. 利益调整型会议的目的是重新分配利益

2. 筹划会议的5W不包括：

   A. What　　　　B. Why　　　　C. Where　　　　D. Which

3. 合理分配会议时间需遵循三个原则，其中不包括：

   A. 尽量让员工少发言或不发言

   B. 一定要准时开始开会

   C. 遵守会议规定时间

D. 会议从最重要的事情开始

4. 主持者在会议进行中需做好五方面工作,其中不包括:
   A. 给予参加者均等的发言机会
   B. 创造使所有参加者能够自由发言的气氛
   C. 在对等立场上顺利地相互交流
   D. 根据现场情况调整讨论顺序

5. 关于会议主持者在会议结尾需进行的工作,下列表述错误的是:
   A. 结论由最高领导者全权决定
   B. 对会议结果进行概括、说明
   C. 对会议中决定的事项进行明确分工
   D. 由参加者对会议结果进行评价

6. 会议参加者必须具备5个条件,其中不包括:
   A. 了解会议主题   B. 了解会议参加者
   C. 具有决策权   D. 绝对不要迟到

7. 关于有效会议的注意事项,下列表述错误的是:
   A. 使会议气氛活跃
   B. 表达尽量含糊、笼统些
   C. 认同并尊重对方
   D. 避免冲突

8. 在会议中进行发言应注意七个要点,其中不包括:
   A. 从重要的部分说起
   B. 有逻辑地、简单地表达
   C. 从否定性的方面说起
   D. 一句话表达一种想法

9. 会议倾听应掌握的要领不包括:
   A. 真诚地倾听
   B. 做出倾听的身体语言
   C. 积极地接受新信息
   D. 保持沉默,以示尊重

10. 最佳的会议时间不应超过:
    A. 1 小时   B. 1.5 小时
    C. 2 小时   D. 2.5 小时

附2：案例研讨

案例：刘强是立新农机制造有限公司市场部经理，他现在正驱车前往公司设在市郊的总部。上周末，刘强请求他的领导——公司总经理吴莉召开一个专题会议，讨论公司下一年度的销售目标。当他步入会议室时，看到与会的还有生产部严经理、仓储控制主管张经理、人事部王经理。

刘强首先发言，回顾了市场销售的近况："我刚参加完年度销售总结会，发现去年我们丧失了比预料的还要多的市场，主要原因是工厂出现了延期交货的问题。同时我们也进行了下一年度的销售预测，认为下一年度财政年度的销售量可到达11万台。我们认为这个数字是现实的，如果做得好，还有望突破这个目标。"

正在这时，严经理打断道："刘强，你是在开玩笑吧？就在3个月前，同样在这间办公室，我记得你对下一年度销售量做出预测是10万台。现在，你却将预测提高了10%。面对一个不断移动的目标靶，试问我们如何去做生产计划？"

吴莉插话说："老严，我理解，你的担心是有道理的。但是我们必须对变化着的市场做出相应的调整，现在刚到9月，我们还未对下一个年度做出一个既定生产计划，只是讨论计划。我想利用这个最新数据，尽快做出下一年度的生产综合计划。"

刘强补充道："最近，我们与许多老顾客接触，得悉他们不断抱怨在旺季的交货滞后现象。有些人甚至威胁，如果明年还得不到好的服务，将不再订购我们的产品。我想，我们应该生产出足够多的产品，而且是适销对路的产品。"

张经理表示忧虑道："我们必须降低生产成本。去年，我们的库存太多，占用了不少资金。鉴于我们高达30%的库存成本率，我认为明年不能再维持如此高的库存量。"

王经理接着说："若降低库存成本，采用跟踪需求的综合生产计划方案，则意味着雇员逐月发生波动，这样会引起雇用和解雇成本上升。目前，我们招进一个人的成本是800元，解雇一个人的成本是1 500元。"

严经理又担心地表示："为了实现这个较高的销售目标，我们不得不增加晚班，采用二班制，因为依靠现有的一班制，即使满负荷生产也无法到达这个预期目标。我想,在做出决策增雇一班人前有必要弄清这个销售预测目标是否可行。"

在大家你一言我一语的发言中,不知不觉到了午餐时间。吴莉总结道:"老严,请根据最新的预测数据拟订一个综合生产计划,我不想在下一个旺季到来时,看到我们公司重蹈今年的覆辙。"会议暂告结束,大家用餐。

请评价会议的效率,说明理由,评价与会者的表现。

第十五章　应聘沟通

应聘，是指接受聘问，接受聘请。应聘的主体是求职者，客体是招聘单位。应聘时用人单位向求职者发出聘用要求，求职者根据自身的需要，对用人单位的聘用要求进行回应。

第一节　现场应聘

一、个人介绍

1. 请你介绍一下自己

回答提示：一般人回答这个问题，只说姓名、年龄、爱好、工作经验，这些在简历上都有。其实，企业最希望知道的是求职者能否胜任工作，包括：最强的技能、最深入研究的知识领域、个性中最积极的部分、做过的最成功的事、主要的成就等，但要突出积极的个性和做事的能力，说得合情合理。

2. 你认为你的最大优点是什么

举例：沉着冷静、积极向上、乐于助人、适应能力强，有幽默感。我在学校经过一年的培训及项目实战，加上有实习工作经历，我认为自己很适合从事这份工作。

3. 说说你最大的缺点

回答提示：这个问题被问的概率很大，通常不要直接回答缺点是什么，比如，自己小心眼、爱忌妒人、非常懒、脾气大、工作效率低；也绝对不要自作聪明地回答"我最大的缺点是过于追求完美"。建议采用"三明治"式说法：先从自己的优点说起，中间加一些小缺点，最后再把问题转回到优点上，突出优点的部分，招聘者喜欢这样聪明的求职者。

4. 最能概括你自己的三个词是什么

举例：适应能力强，有责任心和做事善始善终，结合具体例子向主考官说明。

5. 你的业余爱好是什么

回答提示：如有人说他的爱好是深海潜水、散步，估计会被否决。因为这是一项单人活动，不能体现你的团体合作精神。

6. 你认为你在学校属于好学生吗

举例1：是的。我的成绩很好，所有科目成绩都很优秀。当然，判断是不是好学生有很多标准，在学校期间我认为成绩是重要的，其他方面包括思想道德、实践经验、团队精神、沟通能力也很重要，我在这些方面做得也很好，应该说我是一个全面发展的学生。

举例2：我认为一个好学生的标准是多元化的，我的学习成绩还可以，在其他方面我的表现也很突出。比如，我去很多地方实习过，我很喜欢在快节奏和压力下工作，我在学生会组织过多次大型义卖活动，我的团队合作精神和组织能力得到了很好的锻炼。

7. 说说你的家庭

回答提示：和睦的家庭关系对一个人的成长有潜移默化的影响。企业面试时询问家庭问题不是非要知道求职者家庭的情况，探究隐私，而是要了解家庭背景对求职者的塑造和影响。

举例：我很爱我的家庭，我的家庭很和睦。虽然我的父亲和母亲都是普通工人，但是从小我就看到我父亲起早贪黑，每天工作特别勤劳，他的行动无形中培养了我认真负责的态度和勤劳的精神。我母亲为人善良，对人热情，特别乐于助人，所以在单位人缘很好，她的一言一行也一直在教导我如何做人。

二、职业动机

1. 你为什么愿意到我们公司来工作

回答提示：对于这个问题，你要格外小心，如果你已经对该公司做了研究，你可以回答详细一些，像"公司本身的高技术开发环境很吸引我""我同公司出生在同样的时代，我希望能够进入一家与我共同成长的公司""你们公司一直都稳定发展，近几年在市场上很有竞争力""我认为贵公司能够给我提供一个与众不同的发展道路"。这都显示出你已经做了一些调查，也说明你对自己的未来有了较为具体的远景规划。

2. 请说说你选择这份工作的动机

回答提示：这是想知道面试者对这份工作的热忱及理解度，并筛选因一时冲动而来应试的人，如果是无经验者，可以强调"就算职位性质不同，也希望有机会把以往的经验发挥出来"。

3. 你在前一家公司的离职原因是什么

回答提示：①避免把"离职原因"说得太详细、太具体，最好不要把薪酬低作为理由。②不能掺杂主观的负面感受，如"太辛苦""人际关系复杂""管理太混乱""公司不重视人才""公司排斥我们外来员工"等。但也不能躲闪、回避，如可以说"想换换环境""个人原因"等。③不能涉及自己负面的人格特征，如不诚实、懒惰、缺乏责任感、不随和等。④尽量使解释的理由为应聘者个人形象添彩。

举例：我离职是因为这家公司倒闭了。我在那家公司工作了3年多，有较深的感情。从去年始，由于市场形势突变，公司的生产经营局面急转直下。到眼下这一步我觉得很遗憾，但我只能面对现实，希望重新找到能发挥能力的舞台。

4. 除了本公司外，还应聘了哪些公司

回答提示：这是很多公司会问的问题，其用意是要概略知道应聘者的求职意向，回答时就算不便说出公司名称，也应回答"销售同种产品的公司"，如果应聘的其他公司是不同业界的，容易让人产生无法信任的感觉。

5. 谈谈你对跳槽的看法

举例：正常的"跳槽"能促进人才合理流动，应该支持。频繁的跳槽对单位和个人双方都不利，我也反对。

6. 谈谈你对加班的看法

回答提示：实际上好多公司问这个问题，并不证明一定要加班，只是想测试你是否愿意为公司多做奉献。

举例：如果是工作需要加班，我会义不容辞的，况且我现在单身，没有任何家庭负担，可以全身心地投入工作。同时，我也会努力提高工作效率，减少不必要的加班。

7. 谈谈你对薪资的要求

回答提示：如果你对薪酬的要求太低，那显然贬低自己的能力，不自信；如果你对薪酬的要求太高，那又会显得把自己看得分量过重，公司受用不起。一些公司通常都事先对求聘的职位定下开支预算，因而他们第一次提出的价钱往往是他们所能给予的最高价钱,他们问你只不过想证实一下开出来的薪酬是否足以引起你对该工作的兴趣。

如果必须说出具体数目,请不要说一个宽泛的范围,那样你将只能得到底限。最好给出一个具体的数字,这样表明你已经对当今的人才市场做了调查,了解自己的价值。

举例1:我对薪酬没有硬性要求,我相信公司在我的薪酬问题上会合情合理。我看重的是找对工作机会,所以只要岗位合适,我的专业技能得到发挥,我是不会计较太多的。

举例2:我受过系统的软件编程的训练,不需要再进行脱产培训,而且我本人也对编程特别感兴趣。因此,我希望公司能根据我的情况,参照市场标准的水平,给我合理的薪水。

三、职业成长

1. 谈谈你未来5年的职业规划

回答提示:这是每一个应聘者都不希望被问到的问题,但是几乎每个人都可能会被问到,比较多的答案是"成为一名管理者"。但现在许多公司都已经建立了专门的技术人才成长通道,如工程师、技师、技术主管等。当然,说出其他一些你感兴趣的职位也是可以的,比如,产品销售部经理、生产部经理等一些与你的专业背景相关的工作。要知道,考官总是喜欢有进取心的应聘者,此时如果说"不知道",你可能会丧失一个好机会。回答应该是"我准备在技术领域有所作为"或"我希望能按照公司的管理思路发展"。

2. 你能为我们公司带来什么

举例1:我已经系统接受过近两年的专业培训,马上就可以上岗工作。

举例2:就我的能力,我可以做一个优秀的员工,在公司中发挥作用,给公司带来更高效率和更多收益。

举例3:我可以开发大量的新客户,同时,为老客户提供更全面周到的服务,巩固已有的老客户,等等。

3. 就你申请的这个职位,你认为自己还欠缺什么

回答提示:企业喜欢问求职者弱点,但精明的求职者一般不直接回答。招聘者希望看到这样的求职者:继续重复自己的优势。你可以说:"对于这个职位和我的能力来说,我相信自己是可以胜任的,只是还缺乏一些经验,这个问题我想我可以进入公司以后以最短的时间来弥补,我的学习能力很强,

我相信可以很快融入公司，熟悉企业文化，进入工作状态。"

4. 如果公司录用你，你将怎样开展工作

回答提示：①如果应聘者对于应聘的职位缺乏足够的了解，最好不要直接说出自己开展工作的具体办法。②可以尝试采用迂回战术来回答，如首先听取领导的指示和要求，然后就有关情况进行了解和熟悉，接下来制订一份近期的工作计划并报领导批准，最后根据计划开展工作。

这个问题的主要目的也是了解应聘者的工作能力和计划性、条理性，而且重点想要知道细节。如果采用迂回战术，面试官会认为回避问题，如果引导了几次仍然回避的话，此人绝对不会被录用了。

5. 你工作经验欠缺，如何能胜任这项工作

回答提示：①如果招聘单位对应届毕业生的应聘者提出这个问题，说明招聘公司并不真正在乎"经验"，关键看应聘者怎样回答。②对这个问题的回答最好要体现出应聘者的诚恳、机智、果断及敬业。

举例：作为应届的毕业生，在工作经验方面的确会有所欠缺，因此，在学校期间我一直利用各种机会在这个行业里做兼职。我也发现，实际工作远比书本知识丰富、复杂。但我有较强的责任心、适应能力和学习能力，而且比较勤奋，所以在兼职中都能圆满完成各项工作，从中获取的经验也令我受益很多。请贵公司放心，学校所学及兼职的工作经验使我有信心能胜任这个职位。

6. 如果你在这次面试中没有被录用，你怎么打算

举例：现在的社会是一个竞争的社会，从这次面试中也可看出这一点，有竞争就必然有优劣，有成功必定就会有失败。往往成功的背后有许多的困难和挫折，如果这次失败了我会坦然接受，因为，只有经过经验的积累才能塑造出一个成功者。我会从以下几个方面来正确看待这次失败：一要敢于面对，面对这次失败不气馁，接受现实，增强自信，相信自己经历了这次之后经过努力一定能行，能够超越自我。二是学会善于反思，对于这次面试经验要认真总结，思考剖析，能够从自身的角度找差距。正确对待自己，实事求是地评价自己，辩证地看待自己的长短得失。三是要克服这一次失败带给自己的心理压力，防患于未然，加强学习，提高自身素质。

7. 谈谈如何适应办公室工作新环境

举例：办公室里每个人有各自的岗位与职责，不得擅离岗位；根据领导指示和工作安排，制订工作计划，提前预备，并按计划完成；多请示汇报，

遇到不懂的虚心请教；利用业余时间，多学习，努力提高自己的政治素质和业务水平。

8. 说说你对行业、技术发展趋势的看法

回答提示：企业对这个问题很感兴趣，只有有备而来的求职者才能够过关。求职者可以直接在网上搜索对你所申请的行业的信息，只有深入了解才能产生独特的见解。聪明的求职者对所面试的公司预先了解很多，包括公司发展战略、近远期规划、部门情况等。在面试回答问题的时候可以适当地谈谈你所了解的情况。

9. 怎样看待学历和能力

举例：我认为只要是大学专科的学历，就表明我具备了基本的学习能力。剩下的，一个人工作能力的高低直接决定其职场前途，而学历的高低只是进入一个企业的敲门砖。如果贵公司把学历卡在博士上，我就无法进入贵公司，当然这不一定只是我个人的损失，如果一个专科生都能完成的工作，您又何必非要招聘一位博士生呢？

10. 你还有什么问题要问吗

回答提示：这个问题看上去可有可无，其实很关键，企业不喜欢说"没问题"的人，因为其很注重员工的个性和创新能力。企业不喜欢求职者问个人福利之类的问题，如果有人这样问：贵公司对新入公司的员工有没有什么培训项目，我可以参加吗？或者说贵公司的晋升机制是什么样的？企业将很欢迎，因为体现出你对学习的热情和对公司的忠诚度以及你的上进心。

第二节　求职信应聘

有人说求职信是"敲门砖"。的确不错，一封好的求职信在你未到之前，就可能会给用人单位留下一个很好的第一印象。

一、求职信的基本结构

求职信的基本格式与书信无异，主要包括收信人称呼、正文、结尾、署名、日期和附录六个方面的内容。一般来说，求职信不宜过长，以 500 字左右为好。否则，煞费苦心所写的内容，招聘人员却不一定去仔细看，但如果确实有亮点内容的话，可以作为求职信的附件。求职信也不能太短，这样会显得没有诚意，自然也就缺乏说服力。下面主要说明正文、结尾、署名、日期和附录的内容。

1. 正文

求职信的中心部分是正文，形式多种多样，但内容都要求说明求职信息的来源、应聘职位、个人基本情况、工作成绩等事项。

首先，要写出信息的来源渠道，如"得悉贵公司正在拓展省外业务，招聘新人，且昨日又在《××商报》上读到贵公司的招聘广告，故有意角逐营业代表一职"。如果目前公司并没有公开招聘人才，即并不知道该公司是否需要招聘新人时，可以写一份自荐信去投石问路，如"久闻贵公司实力不凡，声誉卓著，产品畅销全国。据悉贵公司欲开拓海外市场，故冒昧写信自荐，希望加盟贵公司。我的基本情况如下……"

其次，要简单扼要地介绍自己与应聘职位有关的学历水平、经历、成绩等，令对方从阅读之始就对你感兴趣。但这些内容不能代替简历，较详细的简历应作为求职信的附录。

最后，应说明能胜任职位的各种能力，这是求职信的核心部分。目的无非是表明自己具有专业知识和社会实践经验，具有与工作要求相关的特长、兴趣、性格和能力。总之，要让对方感到你能胜任这个工作。在介绍自己的特长和个性时，一定要突出与所申请职位有联系的内容，千万不能写上那些与职位毫不沾边的东西。比如，你应聘业务代表一职，就不宜在求职信中大谈"本人好静，爱读小说"等与业务无关的性格特征。

2. 结尾

结尾一般应表达两个意思：一是希望对方给予答复，并盼望能够得到参加面试的机会。二是表示敬意、祝福之类的词句，如"顺祝愉快安康""深表谢意""祝贵公司蒸蒸日上"等，也可以用"此致"之类的通用词。

最重要的是别忘了在结尾认真写明自己的详细通信地址、邮政编码和联系电话，如果让你的亲朋好友转告，则要注明联系方式、方法、联系人的姓名以及与你的关系，以方便用人单位与之联系。

3. 署名

按照中国人的习惯，直接签上自己的名字即可。英文求职信中一般习惯在名字前加上"你诚挚的""你忠诚的""你信赖的"等形容词，但这种方法在中文求职信中不能轻易效仿。

4. 日期

日期应写在署名的下方，应用阿拉伯数字书写，年、月、日需全都写上。

5. 附录

附录中最基本的就是个人简历，将一份完整的与招聘职位相结合的个人简历放在求职信之后，供用人单位详细了解求职者的个人资料。

附录也可以包括其他一些对应聘职位有帮助的有效证件，如学历证、学位证、职称证、身份证、获奖证书、户口复印件等。除非用人单位特别强调需提交这些附件，这一类附件可以等到面试时再提供。

二、写求职信的注意事项

1. 称呼要准确、得体

求职信的称呼与一般书信不同，书写时须正规些，所以要尤其注意收信人的姓名和职务。因为，他们第一眼从信件中看到的就是称呼，他们的第一印象如何，对于求职的结果有着重要影响。

一般而言，称呼要根据用人单位或企业的情况而定，如果写给国家行政机关或事业单位的，可用"尊敬的××处长（主任）"称呼；如果是写给企业的则可用"尊敬的××经理（厂长）"称呼；如果写给院校、所的求职信，可称"尊敬的××校长（所长）"等。

求职信不管写给什么身份的人，都不要使用"××老前辈""××师兄（傅）"等不正规的称呼，更不可以使用"老板"等俗称。

2. 问候要真诚

开头部分的问候起开场白作用。即使是素昧平生的人，信的开头还是应该有问候语，这是必不可少的礼仪。问候语可长可短，即使短到"您好"两字，也体现出写信人的一片真诚。问候要切合双方的关系，交情浅不宜言深，以简洁、自然为宜。

3. 内容须清楚、准确

求职的内容尽管各不相同，但都要以内容清楚、叙事准确、文辞通畅、字迹工整为原则。此外，还要谦恭有礼，即根据收信人的特点及写信人与收信人的特定关系进行措辞。

4. "包装"要讲究

求职信的"包装"也是十分重要的。因为，看信人最先看到的不是信的内容，而是信的外观形式。因此，一封书写漂亮、布局美观的信，会让人感到愉快和舒服。

求职信的"包装"主要是指：①最好选用标准尺寸（A4）、质地优良、白色无格的信笺。②最好使用打字机或电脑将信的内容打印出来，如手写的话，墨水颜色以蓝黑为佳，忌用铅笔和红色水笔书写。③信文要在信笺的中间位置，书写格式要统一。④信纸的折叠。这里推荐两种稳妥的折叠方式：其一，将信纸纵向三等分折叠，在换方向折叠时让信纸两端故意折成一高一低。采用这种折叠方法的人一般被认为是谦虚朴实、讲究礼仪的人；其二，将信纸纵向对折，然后在折线处再往里折一至两厘米宽，最后横扣对折。这种折法，表示发信者性格文静、有一定的文化修养。

三、求职信的写作技巧

一封好的求职信应该表达出求职者对该职位的诚意及愿意为事业而奉献自己才智的愿望。要写一封令人满意的求职信，须注意以下几点：

1. 根据确定好的客观的求职目标，摆正心态

一个人要客观地确定自己的求职目标并不容易，因为，在人才被看成"商品"的今天，人才市场的供求规律也在时刻影响着这种"商品"的价格。这一规律决定了求职者进入就业市场的时候，不能一厢情愿地认为单凭学历就一定应该得到什么样的工作。参与竞争前，应当对自己的实力做一个明确的估价，然后再确定应聘哪个水平的职位。只有摆正了自己的位置，确定了合理的目标，求职信才能有的放矢，才能提高应聘的成功率。

2. 文字通顺、简明扼要、有条理

要用简练的语言把求职者的求职欲望及相应的个人条件和特点表达出来，切忌堆砌辞藻。因为，求职信的读者不会把很多时间浪费在阅读冗长的文章上。那种刻意地卖弄文采，想方设法堆砌华丽和时髦辞藻的做法只会弄巧成拙，使人反感。

3. 稳重中体现个性

求职信不是显示文学才华的地方，最好用平实、稳重的语气来写，但这并不排除以独特的思维方式给对方造成强烈印象的做法。一封求职信，无论内容多么完备，如果吸引不了对方的注意，就会毫无用处。对方如果对求职信中的陈述不感兴趣，也将使求职者前功尽弃。

4. 要在信中流露出自信

要把握好自我展示和谦虚之间的平衡，要想求职成功就必须推销自己，强调自己的价值，这就少不了要自我展示一番，但是这种展示一定要避免浮夸。在中国文化里，谦虚是一种美德。但对于求职者而言，过分的谦虚可能

会使人觉得你什么也不行。所以，求职者应遵循"适度推销"的原则。在求职于外资企业时可多一些自我展示，而在应聘于国有企业时应多一些谦谦君子之风。

5. 尽量不用简写词语，慎用带"我"的字眼

求职信中太多的"我觉得""我认为"等表达方式很容易给用人单位留下自高自大、处处以自我为中心以及不成熟的感觉。

6. 争取面试机会，莫提薪酬问题

求职信所要达到的目标是建立联系，争取面试机会。谈薪酬的问题为时尚早，关于薪水的要求可以放在面试阶段去讨论。求职信的最后，要特别注意提醒用人单位留意你的简历，并请求给予回音，以争取进一步联系的机会，获得面试的资格。

7. 诚信为本，动之以情

"诚信为本"就是态度要诚恳、诚实、不卑不亢，内容实事求是，突出优点时应多摆事实而少下结论，通过自己的叙述让用人单位下结论，形容词要用比较级，不要用最高级。求职信中说的一切都必须能够在面试中得到支持和证实。写求职信时怎样做到以情动人呢？这需要进行换位思考，揣摩招聘人员的心理，从而采取相应的对策。

四、大学生求职信范文

尊敬的李经理：

您好！请恕打扰。我是一名刚刚从湖南商学院会计系毕业的大学生，我很荣幸有机会向您呈上我的个人资料。在投身社会之际，为了找到符合自己专业和兴趣的工作，更好地发挥自己的才能，实现自己的人生价值，谨向领导做一自我推荐。

现将自己的情况简要介绍如下：

作为一名会计学专业的大学生，我热爱我的专业并为其投入了巨大的热情和精力。在四年的学习生活中，我所学习的内容包括了从会计学的基础知识到实际应用等许多方面。通过系统的学习，我对这一领域的相关知识有了一定程度的理解和掌握，此专业是一种工具，而利用此工具的能力是最重要的，在与课程同步进行的各种相关实践和实习中，初步具备了一定的实际操作能力。在学校社团工作中，锻炼了协调沟通能力，学习到了管理知识，吸收到了管理经验。

我知道计算机和网络是将来工作中必要的工具，在学好本专业的前提下，我对计算机产生了浓厚的兴趣并自学了有关课程，如 Windows 98/2000、金蝶财务、用友财务等系统、应用软件 Foxpro、VB 语言等程序语言。

我正处于人生中精力充沛的时期，渴望在更广阔的天地里展露自己的才华，期望在实践中得到进一步的锻炼和提高。因此，我渴望能够加入远航集团公司，我会踏踏实实地做好本职工作，竭尽全力地在工作中取得好的成绩。我相信经过自己的勤奋和努力，一定会做出应有的贡献，不辜负领导的期望。

感谢您在百忙之中所给予我的关注，愿贵单位事业蒸蒸日上，屡创佳绩，祝您的事业蒸蒸日上！

真诚希望领导能够对我予以考虑，我热切期盼你们的回音。谢谢！

此致

敬礼！

附1：模拟训练

训练题：写一封应聘求职信。

附2：案例研讨

案例：在某单位组织的一次面试中，主考官先后向两位考生提出了同样的问题："我们单位是全国机械行业的大型国有企业集团，下面有很多子公司，凡被录用的人员都要安排到基层去锻炼，基层条件比较艰苦，请问你们是否有思想准备？"应聘毕业生小张回答说："吃苦对我来说不成问题，因为我从小在农村长大，父亲早逝，母亲年迈，我很乐意到基层去，只有在基层摸爬滚打才能积累丰富的工作经验，为今后发展打下基础。"应聘毕业生小李则回答："到基层去锻炼我认为很有必要，我会尽一切努力克服困难，好好工作，但作为年轻人总希望有发展的机会，不知贵公司安排我们下去的时间多长？还有可能上来吗？"结果前一学生被录用，后一学生被淘汰。

分析一下在上述面试过程中，小张和小李回答问题的表现。

第十六章　演讲沟通

演讲又叫讲演或演说,是指在公众场所,以有声语言为主要手段,以体态语言为辅助手段,针对某个具体问题,鲜明、完整地发表自己的见解和主张,阐明事理或抒发情感,进行宣传鼓动的一种语言交际活动。

第一节　演讲概述

一、演讲必备的条件

演讲者:演讲活动的主体,信息的发源地。演讲者的修养包括理论修养、品德修养、学识修养、气质修养等。

信息:演讲活动赖以进行的物质手段,联系主体和客体的纽带,包括"讲"的信息和"演"的信息。

听众:演讲活动的客体,演讲不可缺少的有机组成部分。其作用是能动地接收演讲信息,对演讲产生信息反馈。

二、四种演讲形式

大体有照读式演讲、脱稿式演讲、提纲式演讲、即兴式演讲等4种形式。

1. 照读式演讲

演讲者拿着事先写好的演讲稿,走上讲台,逐字逐句地向听众宣读一遍。其内容经过慎重考虑,语言经过反复推敲,结构经过精心安排,话语郑重。比较适合于在重要而严肃的场合运用。其缺点是照本宣科,影响演讲者与听众之间思想感情的交流。

2. 脱稿式演讲

演讲者事先写好演讲稿,背熟后上讲台,脱稿向听众演讲。这种演讲方式比较适合于演讲比赛和初学演讲者,可以在一定程度上检验和培养演讲者的演讲能力。其缺点是不便于演讲者临场发挥，难免有矫揉造作之感，一旦忘词，就难以继续。所以，运用这种演讲方式，必须做好充分准备，语言尽量口语化，表达自然，切忌有表演的痕迹。

3. 提纲式演讲

演讲者只把演讲的主要内容和层次结构，按照提纲形式写出来，借助它进行演讲，能较好地克服照读式和背诵式演讲与听众缺乏情感沟通交流的不足。演讲者根据几条原则性的提纲进行演讲，比较灵活，便于临场发挥，真实感强，同时具有照读式和背诵式演讲的长处，事先对演讲的内容有充分准备，演讲前充分考虑演讲要点和论证方法，但不要求写出全文，而是提纲挈领地把整个演讲的主要观点、论据、结构层次等用简练的句子排列出来，作为演讲时的提示，靠它开启思路。是初学演讲者进一步提高演讲水平的行之有效的一种演讲方式。

4. 即兴式演讲

演讲者预先没有充分准备而临场生情动意所发表的演讲，它是一种难度最大、要求最高、效果最佳的演讲方式，可以根据实际情况，针对听众的心理和需要，灵活机动，迅速调动语言的一切积极因素，是其他各种演讲方式都无法比拟的。使用该演讲方式需要演讲者具备较高的演讲素质，具有较强的记忆力、丰富的想象力和敏捷的思维力，演讲素材准备充分。

第二节　演讲的内容组织

1. 演讲内容组织

演讲稿的结构分开头、主体、结尾3个部分，其结构原则与一般文章的结构原则大致一样。但是，由于演讲是具有时间性和空间性的活动，因而演讲稿的结构还具有其自身的特点，尤其是它的开头和结尾有特殊的要求。

1. 开场白——抓住听众，引人入胜

演讲稿的开头，也叫开场白。它在演讲稿的结构中处于显要的地位，具有重要的作用。瑞士作家温克勒说："开场白有两项任务：一是建立说者与听者的同感。二是如字义所释，打开场面，引入正题。"好的演讲稿，一开头就应该用最简洁的语言、最简短的时间，把听众的注意力和兴奋点吸引过来。这样，才能达到出奇制胜的效果。

演讲稿的开头有多种方法，通常用的主要有：

（1）开门见山，提示主题。

这种开头是一开讲，就进入正题，直接提示演讲的中心。例如，宋庆龄《在接受加拿大维多利亚大学荣誉法学博士学位仪式上的讲话》的开头："我为接受加拿大维多利亚大学荣誉法学博士学位感到荣幸。"运用这种方法，必须先明晰地把握演讲的中心，把要向听众提示的论点摆出来，使听众一听就知道讲的中心是什么，注意力马上集中起来。

（2）介绍情况，说明根由。

这种开头可以迅速缩短与听众的距离，使听众急于了解下文。例如，恩格斯在1881年12月5日发表的《在燕妮·马克思墓前的讲话》的开头："我们现在安葬的这位品德崇高的女性，在1814年生于萨尔茨维德尔。她的父亲冯·威斯特华伦男爵在特利尔城时和马克思一家很亲近；两家的孩子在一块儿长大。当马克思进大学的时候，他和自己未来的妻子已经知道他们的生命将永远地连接在一起了。"这个开头对发生的事情、人物对象做出必要的介绍和说明，为进一步向听众提示论题做了铺垫。

（3）提出问题，引起关注。

这种方法是根据听众的特点和演讲的内容，提出一些激发听众思考的问题，以引起听众的注意。

2. **主体——环环相扣，层层深入**

这是演讲稿的主要部分。在行文的过程中，要处理好层次、节奏和衔接等几个问题。

（1）层次。

层次是演讲稿思想内容的表现次序，它体现着演讲者思路展开的步骤，也反映了演讲者对客观事物的认识过程。

怎样才能使演讲稿结构的层次清晰明了呢？根据听众以听觉把握层次的特点，显示演讲稿结构层次的基本方法就是演讲者在演讲中反复设问，并根据设问来阐述自己的观点，就能在结构上环环相扣，层层深入。此外，演讲稿用过渡句，或用"首先""其次""然后"等语词来区别层次，也是使层次清晰的有效方法。

（2）节奏。

节奏，是指演讲内容在结构安排上表现出的张弛起伏。演讲稿结构的节奏，主要是通过演讲内容的变换来实现的。演讲内容的变换，是在一个主题思想所统领的内容中，适当地插入幽默、诗文、逸事等内容，以便听众的注意力既保持高度集中而又不因为高度集中而产生兴奋性抑制。优秀的演说家几乎没有一个不长于使用这种方法。演讲稿结构的节奏既要鲜明，又要适度。平铺直叙，呆板沉滞，固然会使听众紧张疲劳，而内容变换过于频繁，也会造成听众注意力涣散。所以，插入的内容应该为实现演讲意图服务，而节奏的频率也应该根据听众的心理特征来确定。

（3）衔接。

衔接是指把演讲中的各个内容层次联结起来，使之具有浑然一体的整体感。由于演讲的节奏需要适时地变换演讲内容，因而也就容易使演讲稿的结构显得零散。衔接是对结构松紧、疏密的一种弥补，它使各个内容层次的变换更为巧妙和自然，使演讲稿富于整体感，有助于演讲主题的深入人心。演讲稿结构衔接的方法主要是运用同两段内容、两个层次有联系的过渡段或过渡句。

3. 结束语——简洁有力，余音绕梁

结束语是演讲内容的自然收束。言简意赅、余音绕梁的结尾能够使听众精神振奋，并促使听众不断地思考和回味；而松散疲沓、枯燥无味的结尾则只能使听众感到厌倦，并随着事过境迁而被遗忘。怎样才能给听众留下深刻的印象呢？美国作家约翰·沃尔夫说："演讲最好在听众兴趣到高潮时果断收束，未尽时戛然而止。"演讲稿的结尾没有固定的格式，或对演讲全文要点进行简明扼要的小结，或以号召性、鼓动性的话收束，或以诗文名言以及幽默俏皮的话结尾。但一般原则是要给听众留下深刻的印象。

二、演讲稿的熟记

熟悉和背记演讲稿，在演讲者的演讲思维乃至整个演讲心理活动中处于突出的地位，也是演讲活动取得成功的基本条件。可以这样说：不熟记，无以演讲。

其主要做法有下面几种：

1. 朗读法

记忆讲稿时，一遍一遍地高声朗读，以至"烂熟于胸"。实际上，朗读法不仅能增进记忆，它也是一种演讲的"彩排"。通过这种方法，演讲者既锻炼了口才，也能体会演讲的临场效果。

2. 纲目法

所谓纲目法就是指抓住演讲稿的大体内容，只记住"骨架"的方法。如在记忆议论型讲稿时,可以从内容和结构方面,按照提出了什么问题,采取了哪些分析的方法,提出了哪些解决问题的办法和思路,提纲挈领地记忆。再如在记忆叙事型讲稿,一般都离不开事件发生的时间、地点、原因、结果、个人认识等要素,记忆时,只要提纲挈领地抓住这几个要素,就能快速、高效地记忆讲稿内容。

3. 默念法

一般人的记忆特点,都是形象记忆能力强。默念时人的注意力集中,大脑思维积极活跃,眼、手、口(默念)等多方密切配合,记忆内容就能很好地巩固。在演讲记忆实践中,采用默念法的主要方式是边念边记。

4. 形象法

形象法也称为画图法,即用画图画的方式以启发记忆。根据心理学研究,具体的形象具有熟悉性、情感性,容易引起注意和联想,同时也不易忘记。

5. 联想法

联想是记忆不可缺少的因素,也是一个重要的记忆方法。联想法最适合记忆容易"卡壳"的地方。其方法是:在练习和试讲时,把经常"卡壳"的地方做上标记,然后采用联想法。

第三节 演讲中的声音技巧

一、演讲表达的基本要求

1. 发音正确、清晰、优美

一般来说,最佳语言是:

(1) 准确清晰,即吐字正确清楚,语气得当,节奏自然。

(2) 清亮圆润,即声音洪亮清越,铿锵有力,悦耳动听。

(3) 富于变化,即区分轻重缓急,随感情变化而变化。

(4) 有传达力和浸彻力,即声音有一定的响度和力度,使在场听众都能听真切,听明白。

2. 词句流利、准确、易懂

(1) 句式短小。演讲不宜使用过长的句子。

(2) 通俗易懂。要使用常用词语和一些较流行的口头词语,使语言富有生气和活力。

（3）不过多地做某些精确的列举，特别是过大的数字，常用约数。

（4）较多地使用那些表明个人倾向的词语，诸如"显而易见""依我看来"，等等，并且常常运用"但是""除了"等连接词，使讲话显得活泼、生动、有气势。

3. 语调贴切、自然、动情

一般来讲，表达坚定、果敢、豪迈、愤怒的思想感情，语气急骤，声音较重；表达幸福、温暖、体贴、欣慰的思想感情，语气舒缓，声音较轻；表示优雅、庄重、满足，语调前后弱中间强。

语调的选择和运用，必须切合思想内容，符合语言环境，考虑现场效果。语调贴切、自然正是演讲者思想感情在语言上的自然流露。

二、声音技巧训练

1. 强调关键词，弱化非关键词

在演讲时，人们常常把某些词语讲得比一般词语重些或轻些，这样便能起到强调突出的作用。

2. 变换语调

在演讲中，你的语调会时而高亢，时而低沉，时而又恢复如常，而这种变换，正如大海的海面一样，永不停歇。

3. 改变语速

在日常谈话时，大家的语速是不断改变着的。这令人感到愉悦并显得极为自然，同时，这也是无意识中进行的。实际上，语速的改变还是突出我们语意的最佳方法之一。

正常谈话，每分钟讲120~150个字。演讲的速率不能太快，一则听众难听懂，二则也使人产生怀疑，认为演讲者怯场。因为人们胆怯时往往语速较快。

当然讲话也不能太慢。太慢就显得拉腔拖调，给人以愚笨、迟钝、缺少教养的感觉。演讲语速要做到快慢得体，缓急适度，快而不乱，慢而不拖，快中有慢，慢中有快，张弛自然，错落有致，显示出语言的清晰度和节奏感，使演讲具有音乐美。

4. 停顿

当我们转换语言，承上启下，或总结概括主要内容时就需要适时的停顿，而停顿的时间一般不超出10秒。停顿不只是声音的静止，而是一种无声的心灵之语，它往往配合动作手势，一定要自然、逼真。

第四节　演讲中的体态语

体态语是有声语言的补充，它辅助有声语言，使有声语言和无声语言二者彼此互补、相得益彰，让演讲效果得到完美的体现。体态语训练没有固定的模式，它应是口语表达者感情的自然流露，应与有声语言协调一致。

一、常用的演讲体态语

1. 眼神

眼睛是心灵的窗户，通过眼神，可以表现出更多的无声语言。演讲时，目光应遍及全场，不能只盯着一个角落。目光应准确、真实、自然，从而赢得观众的心领神会。

演讲时的眉眼要求：惊喜时，要神采飞扬、眉毛上挑且微微颤动；忧愁时，应皱着眉头，显得忧心忡忡，若有所思；愤怒时，应横眉冷对，使眼睛圆睁，咄咄逼人；平静时，目光平视或凝视，给听众一种思索和情感交流之感，等等。

2. 面部表情

表情是人们内在情感的表现，主要是通过面部来表现的，面部表情能准确灵敏地反映出人的种种情绪。演讲时常见面部表情是：当表现出严肃、愤怒、疑问、忧愁时，面部往往表现出肌肉绷紧，眉头紧皱；当表现出平和、和蔼可亲，欲取信于理解、友善等情感时，面部往往表现出一种放松、舒展的状态。

例如，美国听众评述罗斯福总统演讲时说："他满脸都是动人的表情。""在20分钟的时间里，罗斯福先生的脸上表现出诧异、好奇、故作吃惊、真正的兴趣、焦虑、同情、幽默、尊严和无比的魅力，但是他几乎没有说出什么东西。"分析罗斯福的演讲专家认为，他的演讲往往更注重面部表情，有时谈得很少，他的表情已经传达了更多的准确有效的信息。

3. 手势

手势能使人的情感形象化、具体化。在演讲中，手势有以下几种情况：两手平端，向上挥动，鼓动号召人们行动起来；举起双拳，在空中晃动，鼓动号召人们起来斗争奋斗；单手前伸，掌心向上，做小范围的平移以表肯定；

当要表示否定、厌恶的内容时，方向向下。

4. 姿势

正确的姿势应该是站立，头部保持直立。当登台演讲时，应站在讲台的中间，不应站在讲台的一侧，也不应站得太后。站立时两脚自然平行分开，距离与肩同宽，两手轻松下垂靠身体两侧，脚跟站稳，重心放在右脚上，这样给人以一种精神、自然的感觉。

5. 服饰着装

服装美，亦即装饰美。俗语称："佛要金装，人要衣装。"对于服装的基本要求是：整洁大方，庄重朴素，轻便协调，色彩和谐。在口语表达活动中，服饰的装扮非常重要，它是一种重要的体态语言，它无时无刻不在向人们展示自己的形象和风度。比如，穿牛仔装显得潇洒、随和、热情。穿西服戴领带，显得举止庄重、沉稳。女性穿裙装，显得充满女性魅力。但是服装要克服三种倾向：一是过于华美；二是过于随便；三是打扮得不男不女。

二、体态语中的不良动作

矫揉造作、装腔作势、粗野放肆，不根据实际去运用动作；倾斜着身子，耸立肩膀，东摇西晃，抓耳挠腮、挖鼻揉眼、频繁使用手帕或纸巾；惊慌不安、六神无主，莫名其妙傻笑，眼睛盯着天花板，或死盯演讲稿或地下；脚前后摇动，两脚交叉站立，脚与脚之间的距离太近或太远，把脚踩在椅子上；手臂交叉分开，手放在背后或伸进衣袋里，口袋物品叮当作响；不时解开衣服纽扣，揉揉衣角，玩弄和卷起讲稿；等等。

第五节　演讲的心态调试与应变技巧

一、熟悉演讲环境

1. 提前熟悉现场环境

可以先到现场，对演讲时的空间环境做到提前熟悉，免去对环境的恐惧心理。

2. 把握最佳空间距离

如果是在较大的无讲台场地，你应尽量靠前一些，时常变换一下站姿，站得尽量自然轻松，不要站得太正规、太僵硬。否则，最容易强化距离感。

如果是有讲台的场地，听众看不到你的下半截身体，你也不应该像做报告似的站在讲台上，与听众的距离好似又远了一程，加上演讲比赛选手多，到了后来让人听得昏昏欲睡。此时，你完全可以经常走下讲台，站在讲台一侧，甚至走到讲台前面向听众提问。只要一切自然即可，没有人会认为你不规矩。适当变换一下位置，显得既自然大方，又不让人觉得呆板生硬。

演讲空间距离的确定对演讲的成功有很大的影响。进入赛场前，你便可以根据听众多少和听众的坐法，大致确定你的演讲位置。

二、平静讲前心理

1. 欣赏音乐

听一段你平时最喜欢的音乐，或默诵一段你喜欢的文字，可以调节你的紧张心理。

2. 体育运动

做一些小幅度的活动动作，如扩胸、蹬腿、散步等。还可以做深呼吸，减轻身体的不良感觉，不失为一种解除紧张而又简单易行的好方法。

三、演讲中的应变技巧

演讲过程中主观方面的意外变化主要有怯场、忘却、失误等。如何应变呢？

一是怯场。怯场是讲话时出现的一种畏惧心理和精神紧张状况。怯场的原因很多，主要有：主观上患得患失，自我意识过强；缺乏充分准备，失去自信，心里发慌；身体不适，情绪不佳等。

克服怯场的办法主要有：充分准备，加强修养；加强锻炼，多闯多练；自我激励，树立信心；移情于物，转移注意；呼吸调节，控制心跳；了解听众，熟悉环境等。

二是忘却。忘却是指讲话时，思维的链条突然中断，把下面要演讲的内容忘掉了。这时候切不可乱了方寸，放弃讲话；也不可乱讲一气，愚弄听众。

弥补的措施有：一是插话衔接法，即在忘却处插入一两句过渡性的话，以便利用这短暂的时间回忆起忘却的内容。二是重复衔接法，即一旦忘却时，可将刚说的话重复一遍，这样往往能使中断的思维衔接起来，使讲话继续下去。三是跳跃衔接法，当忘却时，你不妨随圆就方，把没忘的内容讲出来，这样不至于破坏讲话气氛。如果后来又想起了前面遗忘的话，可在收尾前加以补充,你可以这样说:"值得一提的是……"三是失误,是指不小心说错了话,这也是常见的毛病。比如,因记忆不准确而说错了某个数字或年代,因讲话太快而丢词落句,因过于激动而用词不当或话语不得体,等等。出现失误,应根据具体情况采取相应的补救措施:如果是小的失误,如丢了个词,错了个字,不合句法什么的,可以不管它,不纠正也无碍大局,纠正了反而干扰正常表达;如果是大的失误,如错的是关键性的词语或句子,或是政策性、原则性的话,就不能听之任之,而要予以更正。更正的方法一般是:按照正确的说法再说一遍。

第六节　演讲风格

一、什么是演讲风格

所谓演讲风格是指演讲者在演讲过程中所表现出来的独特个性与较为稳定的特征,是演讲者社会背景、文化修养、主体素质阅历习惯、个性情趣等内在因素的综合反映。演讲风格最大的特点是个性化,个性是风格的基调,没有个性便无所谓风格。

二、演讲风格的类型

根据不同的划分标准,演讲风格的类型也不同。

1. 按演讲者的感情抒发标准划分,演讲风格可以分为

(1) 慷慨激昂型。

这类演讲如大河奔流,演讲者慷慨陈词,滔滔不绝。这类演讲贯穿的感情比较激烈,或喜悦,或愤怒。它的特点是,语言节奏明快,多使用短句。这种风格的演讲,鼓动性强,号召力大。

(2) 深沉凝重型。

其特点是整场演讲节奏缓慢,感情抒发深沉凝重。这种风格的演讲,既要有理性的分析,又要有情感的抒发,而且还要有一定穿透力、说服力。这种演讲以深沉为基调,给人无穷的回味。

(3) 潺潺流水型。

这类演讲的特点是平等和谐,感情抒发似潺潺的小河流水,慢慢地流进人们的心田,有着"润物细无声"的功效。

2. 按演讲者语言风格标准划分，演讲风格又可以分为
（1）质朴无华型。
（2）简练明快型。
（3）雄浑刚健型。
（4）典雅持重型。
（5）深邃含蓄型。

附1：演讲练习

只有勤奋才能成就人生

各位老师、同学们：

大家好。

今天，我演讲的题目是：《只有勤奋才能成就人生》。

中国有句俗话，叫作"一勤天下无难事"。唐朝文学大家韩愈就曾说过："业精于勤，荒于嬉。"也就是说，学业方面的精深造诣来源于勤奋好学。唯有勤奋者，才能在无边的知识海洋里猎取到真知实才，才能不断地开拓知识领域，获得知识的报酬，武装自己的头脑。

勤奋，是叩开成功人生的敲门砖。

曾国藩是中国历史上最有影响的人物之一。传说，有这样一个有趣的故事：一天，曾先生在家看书，重复诵读了很多遍却还没有背下来，这时来了个贼，却怎么也等不到他睡觉。贼人大怒，跳出来说："这种水平读什么书！"然后将那篇文章背诵一遍，扬长而去！

贼人比曾先生聪明得多，但他只能成为贼，而曾先生却成为连毛主席都钦佩的人。

我们无法验证这个故事的真实性，就算是假的，我想这个编故事的人也无非想告诉我们这样一个道理：没有人能只依靠天分成功，上帝给予了人天分，人依靠勤奋而将天分变为天才！记得一位哲人曾经说过："世界上能登上金字塔的生物只有两种，一种是鹰，一种是蜗牛。"不管是天资奇佳的鹰，还是资质平庸的蜗牛，能登上塔尖，极目四望，精骛八极，都离不开两个字——勤奋！

勤出成果。马克思写《资本论》，辛勤劳作，艰苦奋斗了40年，阅读了

数量惊人的书籍和刊物，其中做过笔记的就有1 500种以上；我国史学巨著《史记》的作者司马迁，从20岁起就开始四处游历，足迹遍及黄河、长江流域，为《史记》的创作奠定了坚实的基础；德国伟大的诗人、小说家和戏剧家歌德，前后花了65年时间，搜集了大量材料，写出了震惊文学界和思想界的巨著《浮士德》；我国数学家陈景润在攀登数学高峰的道路上，翻阅了国内外上千本有关资料，通宵达旦地看书学习，最终取得了震惊世界的伟大成就！可见，任何一项成就的取得，都是和勤奋分不开的。

勤出智慧。传说古希腊有个叫德摩斯梯尼的演说家，因小时口吃，登台演讲时，声音浑浊，发音不准，常常被雄辩的对手压倒。但他并不灰心，为了克服这个弱点，他便每天口含石子，面向大海朗诵。不管春夏秋冬，50年如一日。最终，他成为全希腊最有名气的演说家。我国宋代学者朱熹也讲过这样一个故事：福州有个叫陈正之的人，一篇小文章也要读上一两百遍才能读熟，但他不懒不怠，勤学苦练，知识与日俱增，后来终于"无书不读"，成为博学之士。这就印证了一个道理——勤能补拙。

勤人登山易，懒人伸指难。天下没有免费的午餐，天上也没有掉馅饼的事。庸庸碌碌的人，永远只能对别人胜利的果实垂涎欲滴，而自己却尝不到果实的味道；很多人读完莫泊桑的《项链》之后都会认为玛蒂尔德爱慕虚荣，追求享受。但是，另一方面，她能勇敢面对打击，用辛勤的劳动来证明自己的清白，她是值得尊重的。她也用巨大的代价告诉我们——勤劳才是立身之本！

默默耕耘，用心付出，这样的人生，才是"勤劳的一生"。

坦然面对，在过程中付出汗水和心血，那么，我们就可以自豪地交给人生一份满意的答卷。

谢谢大家！

附2：演讲比赛评分标准

一、演讲内容（40分）

1. 讲稿主题鲜明，符合主题要求（10分）
①主题鲜明，扣题很紧。(10分)
②主题基本鲜明，基本扣题。(7分)

③主题不鲜明，不扣题。(4分)
2. 演讲稿内容丰富，说服力强 (10分)
①有理，有据，有见解，有真情。(10分)
②有理而少据，或有据而少理。(7分)
③有理而无据或无理而有据。(4分)
3. 联系实际 (10分)
①较好地联系学校、个人实际。(10分)
②有联系但较少，或联系得不好。(7分)
③没有联系，或联系错误。(4分)
4. 引用论据，观点正确 (10分)
①观点正确，论据典型而精当。(10分)
②观点基本正确，论据使用不典型，不新颖。(7分)
③观点基本正确，论据使用错误、错位。(4分)

二、演讲形式 (30分)

1. 演讲声音洪亮，吐字清晰，普通话标准 (10分)
①普通话标准。(4分)
②语速、语调与演讲内容一致。(3分)
③声音洪亮，吐字清晰。(3分)
2. 演讲表现手法的多样 (10分)
①有记叙，有议论，有抒情。(10分)
②有议论，有抒情。(7分)
③有记叙。(4分)
3. 手势、动作、表情等演讲技巧运用得当 (10分)
①手势、动作、表情与演讲内容结合紧密、自然。(10分)
②手势、动作、表情不自然。(7分)
③无手势、无动作、表情极其僵化或夸张。(4分)

三、演讲效果 (30分)

1. 要求脱稿 (10分)
①完全脱稿。(10分)
②不完全脱稿。(6分)

③完全不脱稿。(2分)

2. 仪表整洁（10分）

①仪表整洁、大方、得体。(10分)

②仪表不整洁、不大方、不得体。(6分)

3. 现场反应（10分）

①现场反应良好，观众评委满意。(10分)

②现场气氛沉闷，观众评委不满意。(7分)

第十七章　商务谈判沟通

谈判是一门艺术，是一门通过沟通与妥协寻求自己利益最大化的艺术。谈判本身是一个系统，它是方方面面相互制约，彼此相关，相互集合，既具有整体性，又具有适应性，各种要素集成的综合体。因此，商务谈判中的各个环节及各个阶段的功能，有很深的相互依赖性，需要从总体上考虑商务谈判中的主体客体问题、地点时间、行为等要素之间的关系。因为谈判本身是妥协的、协调的，而不像比赛有输有赢，很可能是一种双赢。正因如此，谈判本身体现是一个较为复杂的过程，也只有从系统角度来考虑，才可能把彼此之间的关系建立在共同性基础上。

第一节　商务谈判沟通的特点

1. 针对性强

在商务谈判中，双方各自的语言，都是表达自己的愿望和要求的，因此谈判语言的针对性要强，做到有的放矢。模糊、啰唆的语言，会使对方疑惑、反感，降低己方威信，成为谈判的障碍。

针对不同的商品、谈判内容、谈判场合、谈判对手，要有针对性地使用语言，才能保证谈判的成功。例如，对脾气急躁，性格直爽的谈判对手，运用简短明快的语言可能受欢迎；对慢条斯理的对手，则采用春风化雨般的倾心长谈可能效果更好。在谈判中，要充分考虑谈判对手的性格、情绪、习惯、文化以及需求状况的差异，恰当地使用针对性的语言。

2. 表达方式婉转

谈判中应当尽量使用委婉语言，这样易于被对方接受。比如，在否决对方要求时，可以这样说："您说的有一定道理，但实际情况稍微有些出入。"然后再不露痕迹地提出自己的观点。这样做既不会有损对方的面子，又可以让对方心平气和地认真倾听自己的意见。

谈判高手往往努力把自己的意见用委婉的方式伪装成对方的见解，提高说服力。在自己的意见提出之前，先问对手如何解决问题。当对方提出以后，若和自己的意见一致，要让对方相信这是他自己的观点。在这种情况下，谈判对手有被尊重的感觉，他就会认为反对这个方案就是反对他自己，因而容易达成一致，获得谈判成功。

3. 灵活应变

谈判形势的变化是难以预料的，往往会遇到一些意想不到的尴尬事情，要求谈判者具有灵活的语言应变能力，与应急手段相联系，巧妙地摆脱困境。当遇到对手逼你立即做出选择时，你若是说："让我想一想""暂时很难决定"之类的语言，便会被对方认为缺乏主见，从而在心理上处于劣势。此时你可以看看表，然后有礼貌地告诉对方："真对不起，9点钟了，我得出去一下，与一个约定的朋友通电话，请稍等5分钟。"于是，你便很得体地赢得了5分钟的思考时间。

4. 恰当地使用肢体语言

商务谈判中，谈判者通过姿势、手势、眼神、表情等非发音器官来表达的无声语言，往往在谈判过程中发挥重要的作用。在有些特殊环境里，有时需要沉默，恰到好处的沉默可以取得意想不到的良好效果。

第二节　商务谈判沟通的基本步骤

双赢销售模式包括4个步骤：计划（Plans）、关系（Relationships）、协议（Agreements）、持续（Maintenance），简称PRAM模式。

PRAM模式给出了谈判的6个大的基本步骤，但实际的谈判过程要比6个基本步骤更具体、更复杂。一般来说，商务谈判的过程可以划分为准备阶段、开局阶段、摸底阶段、磋商阶段、成交阶段和协议后阶段等几个基本阶段。

1. 谈判准备阶段

谈判准备阶段是指谈判正式开始以前的阶段，其主要任务是进行环境调查、搜集相关情报、选择谈判对象、制订谈判方案与计划、组织谈判人员、建立与对方的关系等。准备阶段是商务谈判最重要的阶段之一，良好的谈判准备有助于增强谈判的实力，建立良好的关系，影响对方的期望，为谈判的进行和成功创造良好的条件。

2. 谈判开局阶段

开局阶段是指谈判开始以后到实质性谈判开始之前的阶段，是谈判的前奏和铺垫。虽然这个阶段不长，但它在整个谈判过程中起着非常关键的作用，它为谈判奠定了一种氛围和格局，影响和制约着以后谈判的进行。因为，这是谈判双方的首次正式亮相和谈判实力的首次较量，直接关系到谈判的主动权。开局阶段的主要任务是建立良好的第一印象、创造合适的谈判气氛、谋求有利的谈判地位等。

3. 谈判摸底阶段

摸底阶段是指实质性谈判开始后到报价之前的阶段。在这个阶段，谈判双方通常会交流各自谈判的意图和想法，试探对方的需求和虚实，协商谈判的具体方案，进行谈判情况的审核与倡议，并首次对双方无争议的问题达成一致，同时评估报价和讨价还价的形势，为其做好准备。摸底阶段，虽然不能直接决定谈判的结果，但是它却关系着双方对最关键问题（价格）谈判的成效；同时，在此过程中，双方通过互相的摸底，也在不断调整自己的谈判期望与策略。

4. 谈判磋商阶段

磋商阶段是指一方报价以后至成交之前的阶段，是整个谈判的核心阶段，也是谈判中最艰难的，是谈判策略与技巧运用的集中体现，直接决定着谈判的结果。它包括了报价、讨价、还价、要求、抗争、异议处理、压力与反压力、僵局处理、让步等诸多活动和任务。磋商阶段与摸底阶段往往不是截然分开的，而是相互交织在一起的，即双方如果在价格问题上暂时谈不拢，又会回到其他问题继续洽谈，再次进行摸底，直至最后攻克价格这个堡垒。

5. 谈判成交阶段

成交阶段是指双方在主要交易条件基本达成一致以后，到协议签订完毕的阶段。成交阶段的开始，并不代表谈判双方的所有问题都已解决，而是指提出成交的时机已经到了。实际上，这个阶段双方往往需要对价格及主要交易条件进行最后的谈判和确认，但是此时双方的利益分歧已经不大了，可以提出成交了。成交阶段的主要任务是对前期谈判进行总结回顾，进行最后的报价和让步，促使成交，拟定合同条款及对合同进行审核与签订等。

6. 协议后阶段

合同的签订代表着谈判告一段落，但并不意味着谈判活动的完结，谈判真正的目的不是签订合同，而是履行合同。因此，协议签订后的阶段也是谈判过程的重要组成部分。该阶段的主要任务是对谈判进行总结和资料管理，确保合同的履行与维护双方的关系。

【案例】 我国某厂与美国某公司谈判设备购买生意时，美商报价218万美元，我方不同意，美方降至128万美元，我方仍不同意。美方诈怒，扬言再降10万美元，118万美元不成交就回国。我方谈判代表因为掌握了美商交易的历史情报，所以不为美方的威胁所动，坚持再降。第二天，美商果真回国，我方毫不吃惊。果然，几天后美方代表又回到中国继续谈判。我方代表亮出在国外获取的情报——美方在两年前以98万美元将同样设备卖给一匈牙利客商。情报出示后，美方以物价上涨等理由狡辩了一番后将价格降至合理程度。

这个案例告诉我们：从某种意义上讲，谈判中的价格竞争就是情报的竞争，把握对手的精确情报就能在谈判的价格竞争中取胜。

第三节　商务谈判沟通的策略

1. 确定谈判态度

在商业活动中面对的谈判对象多种多样，我们不能拿出同一样的态度对待所有谈判。我们需要根据谈判对象与谈判结果的重要程度来决定谈判时所要采取的态度。

如果谈判对象对企业很重要，比如，长期合作的大客户，而此次谈判的内容与结果对公司并非很重要，那么就可以抱有让步的心态进行谈判，即在企业没有太大损失与影响的情况下满足对方，这样对于以后的合作会更加有利。

如果谈判对象对企业很重要，而谈判的结果对企业同样重要，那么就抱持一种友好合作的心态，尽可能达到双赢，将双方的矛盾转向第三方。比如，市场区域的划分出现矛盾，那么，可以建议双方一起或协助对方去开发新的市场，扩大区域面积，将谈判的对立竞争转化为携手竞合。

如果谈判对象对企业不重要，谈判结果对企业也是无足轻重，可有可无，那么就可以轻松上阵，不要把太多精力消耗在这样的谈判上，甚至可以取消这样的谈判。

如果谈判对象对企业不重要，但谈判结果对企业非常重要，那么就以积极竞争的态度参与谈判，不用考虑谈判对手，完全以最佳谈判结果为导向。

2. 充分了解对手

正所谓"知己知彼，百战不殆"。在商务谈判中这一点尤为重要，对对手的了解越多，越能把握谈判的主动权，就像我们预先知道了招标的底价一样，自然成本最低，成功的概率最高。

了解对手时不仅要了解对方的谈判目的、心里底线等，还要了解对方公司经营情况、行业情况、谈判人员的性格、对方公司的文化、谈判对手的习惯与禁忌等。这样便可以避免很多因文化、生活习惯等方面的矛盾，对谈判产生的额外障碍。还有一个非常重要的因素需要了解并掌握，那就是其他竞争对手的情况。比如，一场采购谈判，我们作为供货商，要了解其他可能和我们谈判的采购商进行合作的供货商的情况，还有可能和自己合作的其他采购商的情况，这样就可以适时给出相较其他供货商略微优惠一点的合作方式，那么将很容易达成协议。如果对手提出更加苛刻的要求，我们也就可以把其他采购商的信息拿出来，让对手知道，我们是知道底细的，同时暗示，我们有很多合作的选择。反之，我们作为采购商，也可以采用同样的反向策略。

3. 准备多套谈判方案

谈判双方最初各自拿出的方案都是对自己非常有利的，而双方又都希望通过谈判获得更多的利益，因此，谈判结果肯定不会是双方最初拿出的那套方案，而是经过双方协商、妥协、变通后的结果。

在双方你推我拉的过程中常常容易迷失了最初的意愿，或被对方带入误区，此时，最好的办法就是多准备几套谈判方案，先拿出最有利的方案，没达成协议就拿出其次的方案，还没有达成协议就拿出再次一等的方案，即使我们不主动拿出这些方案，但是可以做到心中有数，知道向对方的妥协是否偏移了最初自己设定的框架，这样就不会在出现谈判结束后，仔细思考才发现，自己的让步已经超过了预计承受的范围。

4. 建立融洽谈判气氛

在谈判之初，最好先找到一些双方观点一致的地方并表述出来，给对方留下一种彼此更像合作伙伴的潜意识。这样接下来的谈判就容易朝着一个达成共识的方向进展，而不是剑拔弩张的对抗。当遇到僵持时也可以拿出双方的共识来增强彼此的信心，化解分歧。也可以向对方提供一些其感兴趣的商业信息，或对一些不是很重要的问题进行简单的探讨，达成共识后双方的心里就会发生奇妙的改变。

5. 设定好谈判的禁区

谈判是一种很敏感的交流，所以语言要简练，避免出现不该说的话，但是在艰难的长时间谈判过程中也难免出错。最好的方法就是提前设定好谈判中的禁语，哪些话题是危险的，哪些行为是不能做的，谈判的心理底线等。这样就可以最大限度地避免在谈判中落入对方设下的陷阱或误区。

6. 语言沟通高效简洁

在商务谈判中忌讳语言松散或像拉家常一样的语言方式，尽可能让自己的语言变得简练，否则，你的关键词语很可能会被淹没在拖拉冗长、毫无意义的语言中。一颗珍珠放在地上，我们可以轻松地发现它，但是如果倒一袋碎石子在上面，找起来就会很费劲。同样的道理，我们人类接收外来声音或视觉信息的特点是：一开始专注，注意力随着接收信息的增加，之后会越来越分散，如果是一些无关痛痒的信息，更将会被忽略。

因此，谈判时语言要做到简练、针对性强，争取让对方大脑处在最佳接收信息状态时表述清楚自己的信息。如果要表达的是内容很多的信息，如合同书、计划书等，那么，适合在讲述或者诵读时语气进行高、低、轻、重的变化，如重要的地方提高声音，放慢速度，也可以穿插一些问句，引起对方的主动思考，增加注意力。在重要的谈判前应该进行一下模拟演练，训练语言的表述、突发问题的应对等。在谈判中切忌模糊、啰唆的语言，这样不仅无法有效表达自己的意图，更可能使对方产生疑惑、反感情绪。在这里要明确一点，区分沉稳与拖沓的区别，前者是语言表述虽然缓慢，但字字经过推敲，没有废话，而这样的语速也有利于对方理解与消化信息内容，在谈判中笔者非常推崇这样的表达方式。在谈判中想靠伶牙俐齿、咄咄逼人的气势压住对方，往往事与愿违，多数结果不会很理想。

商务谈判虽然不比政治与军事谈判，但是谈判的本质就是一种对抗，充满了火药味。这个时候双方都很敏感，如果语言过于直率或强势，很容易引起对方的本能对抗意识或招致反感。因此，商务谈判时要在双方遇到分歧时面带笑容，语言委婉地与对手针锋相对，这样对方就不会启动头脑中本能的敌意，使接下来的谈判不容易陷入僵局。

7. 善于倾听

在谈判中我们往往容易陷入一个误区，那就是一种主动进攻的思维意识，总是在不停地说，总想把对方的话压下去，总想多灌输给对方一些自己的思想，以为这样可以占据谈判主动，其实不然，在这种竞争性环境中，你说的话越多，对方会越排斥，能入耳的很少，能入心的更少。而且，你的话多了就挤占了总的谈话时间，对方也有一肚子话想说，被压抑下的结果则是很难妥协或达成协议。反之，让对方把想说的都说出来，当其把压抑心底的话都说出来后，就会像一个泄了气的皮球一样，锐气会减退，接下来你再反击，对手已经没有后招了。更为关键的是，善于倾听可以从对方的话语中发现对方的真正意图，甚至是破绽。

8. 曲线进攻

孙子曰："以迂为直。"克劳塞维茨将军也说过："到达目标的捷径就是那条最曲折的路。"由此可以看出，想达到目的就要迂回前行，否则直接奔向目标，只会引起对方的警觉与对抗。应该通过引导对方的思想，把对方的思维引导到自己的包围圈中。比如，通过提问的方式，让对方主动替你说出你想听到的答案。反之，越是急切想达到目的，越是可能暴露了自己的意图，被对方所利用。

商务谈判中双方经常会在某个重要问题上僵持不下，一方退后一步，抛出其他小利，作为补偿，把僵局打破，并用小利换来大利，或把整个方案调换一下顺序，蒙蔽了我们的思维。乍听起来觉得不可思议，但在实际谈判中经常会出现这样的情况，所以，首先要能跳出像脑筋急转弯一样的思维陷阱，而后要善于施小利，博大利，学会以退为进。在谈判中一个最大的学问就是学会适时地让步，只有这样才可能使谈判顺利进行，毕竟谈判的结果是以双赢为最终目的。

【案例】 某工厂要从日本 A 公司引进收音机生产线，在引进过程中双方进行谈判。在谈判开始之后，日本公司坚持要按过去卖给某厂的价格来定价，坚决不让步，谈判进入僵局。我方为了占据主动地位，开始与日本 B 公司频频接触，洽谈相同的项目，并有意将此情报传播，同时通过有关人员向 A 公司传递价格信息，A 公司信以为真，不愿失去这笔交易，很快接受我方提出的价格，这个价格比过去其他厂商引进的价格低 26%。

这个案例说明：在一条路走不通的时候，往往应该去探索另一种方法，在本例中，我方运用了传播假情报，获取了主动权，取得了胜利。

9. 控制谈判局势

谈判活动表面看来没有主持人，实则有一个隐形的主持人存在着，不是你就是你的对手。因此，要主动争取把握谈判节奏、方向，甚至是趋势。主持人所应该具备的特质是：语言虽不多，但是招招中的，直击要害，气势虽不凌人，但运筹帷幄，从容不迫，不是用语言把对手逼到悬崖边，而是用语言把对手引领到崖边。并且，想做谈判桌上的主持人就要体现出你的公平，即客观地面对问题，尤其在谈判开始时尤为重要，慢慢对手会本能地被你潜移默化地引导，局势将向对你有利的一边倾斜。

10. 学会让步式进攻

在谈判中可以适时提出一两个很高的要求，对方必然无法同意，我们在经历一番讨价还价后可以进行让步，把要求降低或改为其他要求。这些高要求我们本来就没打算会达成协议，即使让步也没损失，但是却可以让对方有一种成就感，觉得自己占得了便宜。这时我们其他的，相较起这种高要求要低的要求就很容易被对方接受，但切忌提出太离谱、过分的要求，否则对方可能觉得我们没有诚意，甚至激怒对方。先抛出高要求也可以有效降低对手对于谈判利益的预期，挫伤对手的锐气。

其实，谈判的关键就是如何达成谈判双方的心理平衡，达成协议的时候就是双方心理都达到平衡点的时候。也就是认为自己在谈判中取得了满意或基本满意的结果，这种满意包括预期的达到、自己获得的利益、谈判对手的让步、自己获得了主动权、谈判时融洽的气氛等，有时谈判中的这种平衡和利益关系并不大，所以，在谈判中可以输掉谈判，只要赢得利益，也就是表面上做出让步，失掉一些利益，给对手一种攻城略地的快感，实则是撒了遍地的芝麻让对手乐颠颠地去捡，自己偷偷抱走对手的西瓜。

【案例1】 我们常常以为站在了对方立场，而事实证明很多时候我们并不是站在了对方立场。例如，有人要自杀，打电话来求助，你说："你不要自杀，这个世界不是很好吗？人应该活得很愉快。"这句话看似站在对方的立场，其实不然。想一想，一个要自杀的人怎么可能体会到这个世界的美好呢？如果体会得到，他就不会产生自杀念头了。可见上一句中"这个世界很好"只是我们自己的立场而已。

有一位农夫使尽力气想把小牛赶进牛栏里，可是小牛的脚就好像是被钉牢在地上一样，丝毫不动。农夫的太太正好出来，她不慌不忙地把自己的食指放入小牛嘴里让它吮吸，很快就把小牛牵进栏里了。农夫的太太就是站在小牛的立场替它考虑的，她知道小牛现在需要什么。

站在对方立场就要替他去解决他的问题，从他的角度去思考。比如，你的职员要下岗了，你不要对他说："下岗的又不只你一个，不要难过。"而应该耐心地跟他说："下岗这件事情在公司是一个政策。不过，我们可以坐下来一起研究研究,你看我能帮什么忙?"至少你是他的经理,更舒服更实际一点的,你可以跟他说:"我先把我这个月薪水的四分之一给你。"他会抱着你哭。所以,安慰人的时候不要讲风凉话,要讲切乎实际的话,多站在对方的立场上来思考。

有一学者说:"为了让自己成为受人欢迎的人,我们必须培养一种'设身处地'的能力,也就是抛开自己的立场置身于对方立场的能力。"

汽车大王亨利·福特说:"如果有所谓成功的秘诀,那必定就是指要能了解别人的立场。我们除了站在自己的立场上考虑之外,也必须要有站在别人的立场上考虑问题的处事能力。"

问题:从商务沟通与谈判的角度,你从以上案例中受到了什么启发?

【案例2】 一次我们去美国采购约3 000万美元的化工设备和技术。美方自然想方设法令我们满意,其中一项是送给我们每人一个小纪念品。纪念品的包装很讲究,是一个漂亮的红色盒子,红色代表发达。可当我们高兴地按照美国人的习惯当面打开盒子时,每个人的脸色却显得很不自然——里面是一顶高尔夫帽,但颜色却是绿色的。美国商人的原意是:签完合同后,大伙去打高尔夫。但他们哪里知道"戴绿帽子"是中国男人最大的忌讳。合同我们没和他们签,不是因为他们"骂"我们,而是因为他们对工作太粗心,连中国男人忌讳"戴绿帽子"都搞不清,怎么能把几千万美元的项目交给他们?

一次,公司要与美国某跨国公司就开发新产品问题进行谈判,公司将接待安排的重任交给张先生负责,张先生为此也做了大量的、细致的准备工作,经过几轮艰苦的谈判,双方终于达成协议。可就在正式签约的时候,客方代表团一进入签字厅就拂袖而去,是什么原因呢?原来在布置签字厅时,张先生错将美国国旗放在签字桌的左侧。项目告吹,张先生也因此被调离岗位。中国传统的礼宾位次是以左为上,右为下,而国际惯例的座次位序是以右为上,左为下;在涉外谈判时,应按照国际通行的惯例来做,否则,哪怕是一个细节的疏忽,也能会导致功亏一篑、前功尽弃。

问题:从商务沟通与谈判的角度,你从以上案例中受到了什么启发?

第十八章 网络人际沟通

以前，人与人之间沟通，没有移动电话，没有电脑，更没有用于社交的App工具，当时无论是生意人还是远离家乡的游子最多的就是书信沟通，再者就是正面沟通。可是，这两种沟通形式都需要占用大量的时间，效率并不高，杜甫的"烽火连三月，家书抵万金"，可见当时的沟通既是很珍贵又是很辛苦的一件事情。如今，互联网得到极大的发展，与"互联网+"相关的社交软件层出不穷，人人都可以依托互联网开展网络上的沟通与交流。沟通不再是耗时费力的事情，通过一个移动电话或一条短信，再者一封电子邮件或各种聊天工具就搞定。互联网从我们生活不可或缺的沟通工具之一慢慢发展成为如今人与人沟通与交流主要的方式。互联网作为第四种传播媒介，与人沟通行为结合在一起，突破了时间和空间的界限，使人与人之间沟通不再受时空的限制，它的出现使信息沟通的模式发生了质的变化，人们步入了一种新型的沟通环境中。

第一节 网络人际沟通的特点

1. 网络人际沟通的虚拟性

网络平台在人际沟通中的应用得到了广泛推广，取得的效果也是非常明显的。网络沟通具有虚拟性的特点，由于它在双方交流沟通时，对双方的身份、年龄、职业进行了隐藏，为沟通双方提供一个相对具有隐私性的环境。在这里，并不存在现实世界中的身体属性、阶层属性以及地域属性所造成的各种障碍。因而使得人们能够对自己的观点、看法、意见进行自由而充分的表达。在这个环境里，不会受到批评，不会面临尴尬，使得沟通双方在这种环境下，可以卸下心理的压力，解除相应的心理障碍。也因为虚拟性，人们在沟通时可以演绎不同的角色，体会不同的情景，设计身份，自我构建。

2. 网络人际沟通的平等性和互动性

现实生活中，人们追求人际交往的平等，但往往由于诸多因素而无法实现真正的平等。例如：由于上下级之间的不平等，有的上级表现出盛气凌人而不是平等待人的作风；有的人经济富足而看不起他人；人们彼此文化程度相差很大，也影响着平等交往。因此，在现实中，平等成为人际交往的理想。在网络的世界里，人的身份、地位、经济、年龄、性别、种族等形成事实上的不平等都被屏蔽了。无论一个人在现实中是多么富有、多么显赫，在网络中一律平等。沟通者不受现实阶层、地位、身份影响，可以和多个对象进行自由平等的交流。传统沟通渠道常使人成为被动的信息接收者，缺乏互动的空间，网络沟通的平等性和互动性特点，使沟通双方更主动参与交流，发表意见并及时反馈。

3. 网络沟通的开放性

网络是一个没有国界、充满自由、完全开放的世界。人们通过互联网可以同各个国家不同民族、不同种族的人进行沟通、交流，打破了传统交往的时空约束和地域壁垒界限。这是一个五彩斑斓的世界，每个人都可以根据自己的意愿、兴趣和爱好与不同国家、不同地域、不同民族的人沟通交流，发表自己的见解，阐述自己的理念。网络开放性，大大扩大了人们的信息来源渠道，开阔了人们的视野。各种聊天软件，文字的、语音的、视频的，在很短的时间内，即使我们足不出户，也能获得最新最全的资讯。人们从信息的相对垄断中解放出来，提高了素质，开阔了视野，增强创新意识和全球意识。

4. 网络沟通的超时空性

互联网消除了"这里"和"那里"的距离，打破了时空界限。网络使"远在天涯"变成"近在咫尺"，实现形式上的"天涯若比邻"。而这一切都是借助互联网完成的，脱离了互联网，回归现实，也许会出现"近在咫尺"变成"远在天涯"。互联网这种超时空性使人更容易找到与自己性格相似的人交流沟通，人们只要置身其中，一个小型人际关系便可迅速扩展为大型人际关系圈。正如史华兹说："网民进入互联网最主要的目的，并不仅仅是为了寻找信息，更主要的是为了寻找符合自己想象中的他人，以便与之进行互动。"

第二节　网络人际沟通的方式

网络沟通形式主要有以下几种。

1. 电子邮件

电子邮件（electronic mail，简称 E-mail，昵称为"伊妹儿"）又称电子信箱，它是一种用电子手段提供信息交换的通信方式。通过网络的电子邮件系统，用户可以用非常低廉的价格，以非常快速的方式，与世界上任何一个角落的网络用户联系。电子邮件以文字、图像、声音等各种形式存在。用户可以得到大量免费的新闻、专题邮件，并轻松实现信息的搜索。极大地方便了人与人之间的沟通与交流，促进了人际交往的发展。如 163 邮箱、Tom 邮箱、新浪邮箱、QQ 邮箱、Hotmail 等。

2. 网络电话

网络电话，又称 VOIP 电话，是通过互联网直接拨打对方的固定电话和手机，包括国内长途和国际长途，资费是传统电话费用的 10%～20%。其语音清晰、流畅程度完全超越现有 IP 电话。通信技术在进步，我们已经实现了固定电话拨打网络电话。

3. 网络传真

网络传真（Internet Facsimile）也称电子传真，英文称作 EFAX。它通过互联网技术、通信技术、软件技术实现了计算机到传统传真机之间的无缝衔接，实现了让计算机无纸收发传真和传真的有序归档、管理，帮助用户实现无纸办公、移动办公，提高工作效率。

网络传真是基于 PSTN（电话交换网）和互联网络的传真存储转发，也称电子传真。它整合了电话网、智能网和互联网技术。原理是通过互联网将文件传送到传真服务器上，由服务器转换成传真机接收的通用图形格式后，再通过 PSTN 发送到全球各地的普通传真机或任何的电子传真号码上。如商务传真、189FAX、FAX99 等。

4. 网络新闻发布

网络新闻是突破传统的新闻传播概念，在视、听、感方面给受众全新的体验。它将无序化的新闻进行有序的整合，并且大大压缩了信息的厚度，让人们在最短的时间内获得最有效的新闻信息。网络新闻的发布可省去平面媒体的印刷、出版等。

5. 即时通信

即时通信（IM），Instant Messaging，是一个终端服务，允许两人或多人使用网络，即时地传递文字信息、档案、语音与视频交流。自 1996 年面世以来，特别是近几年的迅速发展，即时通信的功能日益丰富，逐渐集成了电子邮件、博客、音乐、电视、游戏和搜索等多种功能。即时通信不再是一个单纯的聊天工具，它已经发展成集交流、资讯、娱乐、搜索、电子商务、办公协作和企业客户服务等为一体的综合化信息平台，如QQ、微信、钉钉等。

6. 虚拟社区（BBS）

虚拟社区（Bulletin Board System，简称BBS）又称论坛。是由网民在网络空间进行交流互动形成的、具有文化认同的共同体及其活动场所。如百度贴吧、天涯社区、猫扑等。

7. 网络交易平台

随着网络事业的爆炸式增长，交易需求也随之提高，为满足需求，网络交易平台成为一种应运而生的旨在通过电子手段建立一种新的秩序，它不仅涉及电子技术及商务本身，而且涉及诸如金融，税务，教育，法律等社会其他层面。它是充分利用高清技术而引发革命性的商务实践，也必将对传统的交易模式带来广泛而深刻的影响。常用的网络交易平台有：淘宝网（http://www.taobao.com）、易趣网（http://www.eachnet.com）、拍拍网（http://www.paipai.com）等。

第三节 网络人际沟通的策略

1. 及时回复

网络沟通中重要的是及时回复，及时回复能反映个人的素养、工作效率以及对对方的重视程度，表明在工作中出现问题时会及时反馈及时处理，给对方留下认真负责的印象。曾经有一篇关于职场的新闻，一位姑娘发帖说自己因为在工作的时候，回复老板用了一个"嗯"字，被老板教育了一番。她的老板告诉她："可以回复'嗯嗯'，也可以回复'好的'，就是不能用'嗯'，因为这是最基本的礼仪，很多事情都是由细节决定，一个小小的细节，就可能让你损失一个顾客或者一张订单。"可见及时回复信息是对别人的一种尊重，也体现出一个人的修养。

对于某些原因未能及时回复的，就向对方说明原因，并把自己预计回复的时间告知对方。在给对方回复的时候，尽量选择对方工作的时间回复，以方便对方能及时处理。

2. 充分了解对方要求，有针对、有重点回复，逻辑清晰，语言简练

首先确定对象，回复时要有针对性、要有逻辑性，回复不得少于10个

字，不要就同一问题多次回复讨论。要区分"单独回复"和"全体回复"。主动控制邮件的来往，并多注意细节，如可进行文字校对，注意字体格式等。

3. 在跟进中分析对方意图适时调整

在沟通中，调整跟进沟通的内容，有针对性地沟通。比如你发了一份产品的样品，客户没有回应。这个时候，就需要发一封邮件，问明原因。如果是产品质量问题，就需要改进调整，如果是价格上的问题，就有必要与客户作进一步的沟通。

4. 塑造乐于助人解决实际问题的形象

在网络沟通中，永远记住别人的存在，给别人留下好印象。不要随便要求别人加你为好友。在别人状态为"忙碌""请勿打扰"的时候，不要打扰。如果谈工作，尽量把要说的话压缩在 10 句以内。牢记一点，如 QQ、微信、钉钉等即时工具不适合谈工作。可以选择在邮件中用一些问候语等词汇来拉近与客户的距离，使客户加深对我们的印象。

【案例】

"已做核酸检测，确诊了！病情较严重，一直等着医院安排床位，求求你们帮帮忙，求求你们了！"

近期，一名来自湖北省武汉市的新冠肺炎确诊病人郭先生，于 2 月 8 号晚 11 点向人民网好医生 App 联合 360 推出的求助通道进行求助。工作人员第一时间响应，将患者重要信息提交至相关社区单位，一个小时内便与患者取得联系，现已被安排至火神山医院进行救治。

"68 岁老人双肺感染严重卧床胸闷气短急需入院治疗，请救救我的妈妈"

"核酸检测确诊两日，病情及发热等症状持续快速恶化，恳切希望得到医院及时收治"……

每一条求助信息都是患者对生的渴望，想尝试去抓住最后一根救命稻草，而求助信息征集平台能做的就是第一时间为这些求生者对接最直接、最有效的救助。自征集页面上线不到一周的时间，现已成功对接协助了 9 名患者用户，其中 7 名患者表示已在当地政府协助下办理了入院，其中 1 名患者在取得联系后自行完成了入院办理，另外一名确诊病例在提交求助信息当日便送往火神山医院进行救治。

为保障求助者信息可以第一时间转交至相关部门，360 旗下快资讯协同 360 社区，成立 24 小时求助客服小组，在收集到用户提交信息的第一时间便进行上报反馈，同时不定期安排客服人员对求助用户进行回访调研，确保每一位提交信息的用户都能够及时获取救助支援。

如果您是确诊、疑似、密切接触者以及无法排除的发热患者及家属，可以参照以下步骤进行求助：只要打开360相关产品页面（如360浏览器、360搜索，搜索"新型肺炎""疫情"等关键词）→进入"疫情新型肺炎实时疫情追踪分析专题"→点击"患者求助"图标即可填写患者求助信息同时也可以直接通过求助入口链接提交您的信息。

——选自《武汉9名疫情患者发出网上求助"请救救我的妈妈"》中国网科技

问题：湖北省武汉市新冠疫情期间，使用了哪种网络沟通形式，从以上案例中你受到了什么启发？